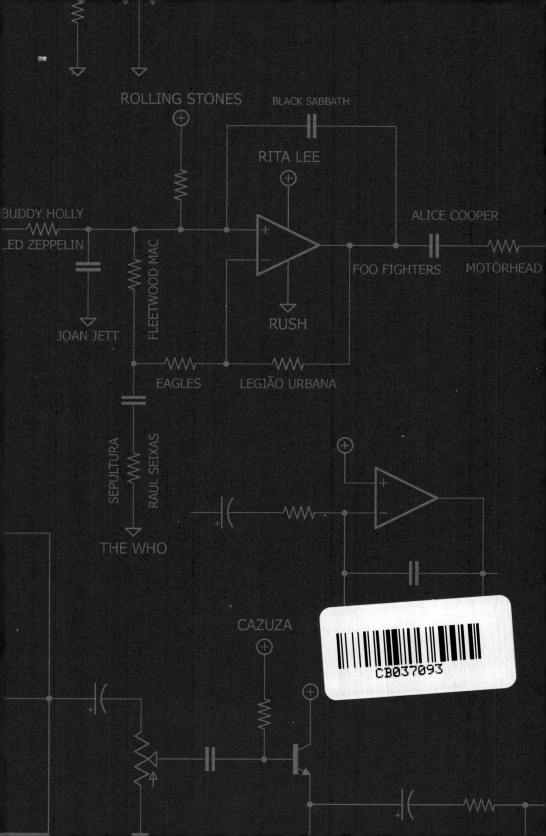

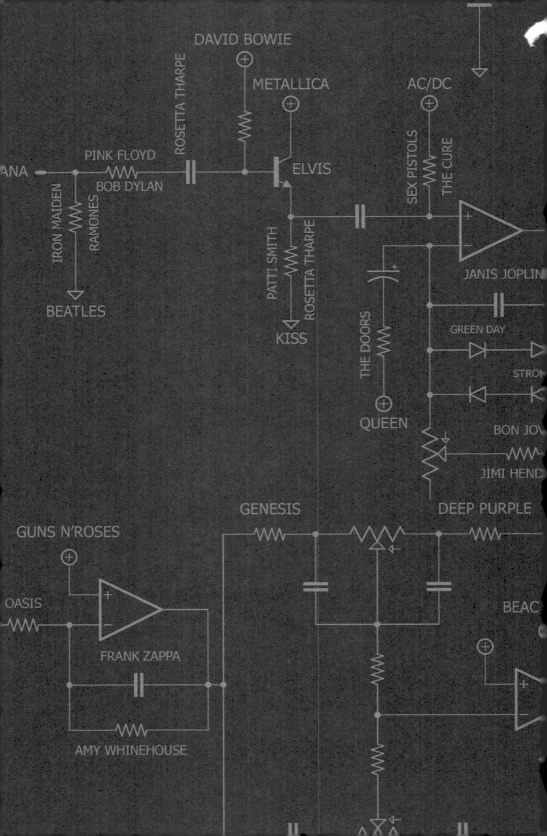

UM ANO
ROCK N' ROLL

JANEIRO

O primeiro mês do ano é sempre marcado por grandes estreias, sejam nossos primeiros eventos em um novo calendário, sejam alguns acontecimentos superimportantes que já rolaram na música. Foi em janeiro que a BBC transmitiu seu primeiro *Top of the Pops*, um dos programas jovens mais importantes na popularização do rock no Reino Unido. Foi também em uma virada de ano que Stevie Nicks e Lindsey Buckingham entraram para o Fleetwood Mac.

E foi também em janeiro que diversos discos de estreia foram lançados, como *Legião Urbana* (1982), *The Doors* (1967), *Led Zeppelin* (1969), *Neil Young* (1969) e *Bon Jovi* (1984). No primeiro mês do ano de 1971, David Bowie chegava para sua estreia nos EUA, e em 1973 a banda KISS subia pela primeira vez num palco, em um clube chamado Popcorn Club, no Queens, Nova York. E aqui no Brasil o Rock in Rio estreava para nós e para o mundo no verão carioca de 1985.

E já que temos um ano novinho em folha pela frente, que tal começar ouvindo uma playlist que preparamos com os primeiros discos e os aniversariantes de janeiro? É só dar play e começar essa nova aventura.

01

D S T Q Q S S

1964 | A BBC televisiona o primeiro *Top of the Pops*
1975 | Stevie Nicks e Lindsey Buckingham entram para o Fleetwood Mac

02

D S T Q Q S S

1985 | Legião Urbana lança seu primeiro disco

03

D S T Q Q S S

1946 | Nasce John Paul Jones, baixista do Led Zeppelin
1926 | Nasce Sir George Martin

04

D S T Q Q S S

1960 | Nasce Michael Stipe, vocalista do R.E.M.
1967 | The Doors lança *The Doors*

05

D S T Q Q S S

1969 | Nasce Marilyn Manson

06

D S T Q Q S S

1946 | Nasce Syd Barrett, vocalista do Pink Floyd (1965-1968)
1953 | Nasce Malcolm Young, guitarrista do AC/DC
1986 | Nasce Alex Turner, vocalista do Arctic Monkeys

7 | JANEIRO

07

D S T Q Q S S

2020 | Morre Neil Peart, baterista do Rush

08

D S T Q Q S S

1935 | Nasce Elvis Presley
1947 | Nasce David Bowie

09

D S T Q Q S S

1944 | Nasce Jimmy Page, guitarrista do Led Zeppelin

10

D S T Q Q S S

1945 | Nasce o cantor Rod Stewart
2016 | Morre David Bowie

11

D S T Q Q S S

1985 | Inicia o Rock In Rio I

12

D S T Q Q S S

2001 | Inicia o Rock In Rio III
1969 | O Led Zeppelin lança seu disco de estreia

13

D S T Q Q S S

14

D S T Q Q S S

1969 | Nasce Dave Grohl, de Nirvana e Foo Fighters

15

D S T Q Q S S

1965 | The Who lança o single de "I can't explain" no Reino Unido
1994 | Morre Harry Nilsson
2018 | Morre Dolores O'Riordan, vocalista do The Cranberries
1969 | Creedence Clearwater Revival lança o compacto de "Proud Mary"

| JANEIRO

Rock in Rio

ROCK IN RIO I (11.1.1985 – 20.1.1985)
ROCK IN RIO II (18.1.1991 – 26.1.1991)
ROCK IN RIO III (12.01.2001 – 21.01.2001)

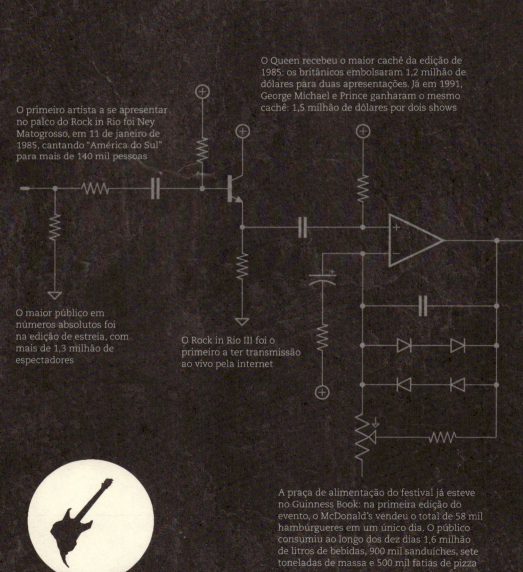

O Queen recebeu o maior cachê da edição de 1985: os britânicos embolsaram 1,2 milhão de dólares para duas apresentações. Já em 1991, George Michael e Prince ganharam o mesmo cachê: 1,5 milhão de dólares por dois shows

O primeiro artista a se apresentar no palco do Rock in Rio foi Ney Matogrosso, em 11 de janeiro de 1985, cantando "América do Sul" para mais de 140 mil pessoas

O maior público em números absolutos foi na edição de estreia, com mais de 1,3 milhão de espectadores

O Rock in Rio III foi o primeiro a ter transmissão ao vivo pela internet

A praça de alimentação do festival já esteve no Guinness Book: na primeira edição do evento, o McDonald's vendeu o total de 58 mil hambúrgueres em um único dia. O público consumiu ao longo dos dez dias 1,6 milhão de litros de bebidas, 900 mil sanduíches, sete toneladas de massa e 500 mil fatias de pizza

PARA QUEM AMA FESTIVAIS DE MÚSICA, JANEIRO É O MÊS DE CELEBRAR O NASCIMENTO DO ROCK IN RIO EM 1985 E O ANIVERSÁRIO DAS OUTRAS EDIÇÕES SEGUINTES, QUE OCORRERAM EM 1991 E 2001.

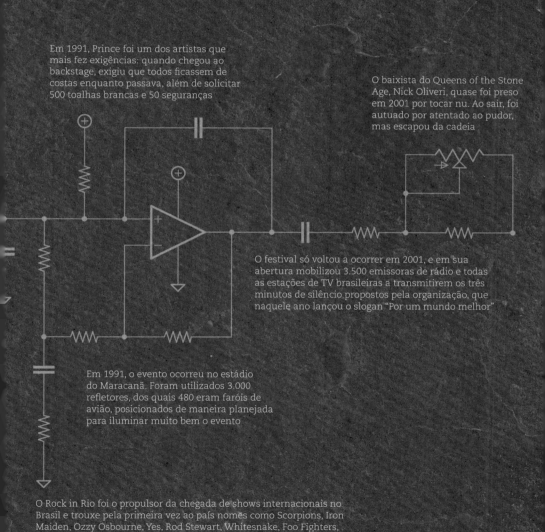

Em 1991, Prince foi um dos artistas que mais fez exigências: quando chegou ao backstage, exigiu que todos ficassem de costas enquanto passava, além de solicitar 500 toalhas brancas e 50 seguranças

O baixista do Queens of the Stone Age, Nick Oliveri, quase foi preso em 2001 por tocar nu. Ao sair, foi autuado por atentado ao pudor, mas escapou da cadeia

O festival só voltou a ocorrer em 2001, e em sua abertura mobilizou 3.500 emissoras de rádio e todas as estações de TV brasileiras a transmitirem os três minutos de silêncio propostos pela organização, que naquele ano lançou o slogan "Por um mundo melhor"

Em 1991, o evento ocorreu no estádio do Maracanã. Foram utilizados 3.000 refletores, dos quais 480 eram faróis de avião, posicionados de maneira planejada para iluminar muito bem o evento

O Rock in Rio foi o propulsor da chegada de shows internacionais no Brasil e trouxe pela primeira vez ao país nomes como Scorpions, Iron Maiden, Ozzy Osbourne, Yes, Rod Stewart, Whitesnake, Foo Fighters, Neil Young e R.E.M., entre outros

16

D S T Q Q S S

1980 | Paul McCartney é preso em Tóquio por posse de maconha

17

D S T Q Q S S

1964 | Nasce Andy Rourke, baixista do The Smiths
1975 | Bob Dylan lança o álbum *Blood on tracks*

18

D S T Q Q S S

2016 | Morre Glenn Frey, guitarrista do The Eagles
1991 | Inicia o Rock In Rio II

19
D S T Q Q S S

1943 | Nasce Janis Joplin
1998 | Morre o cantor Carl Perkins

20
D S T Q Q S S

1952 | Nasce Paul Stanley, vocalista do KISS
1967 | Os Rolling Stones lançam o álbum *Between the Buttons* no Reino Unido

21
D S T Q Q S S

1941 | Nasce Richie Havens
1984 | Bon Jovi Lança seu disco de estreia
1997 | Morre Tom Parker, empresário de Elvis

22

D S T Q Q S S

1960 | Nasce Michael Hutchence, vocalista do INXS

23

D S T Q Q S S

1950 | Nasce Luis Alberto Spinetta
1962 | Nasce Nasi, vocalista do IRA!
1969 | Neil Young lança seu primeiro álbum
1977 | Lançamento do álbum *Animals*, do Pink Floyd

24

D S T Q Q S S

1941 | Nasce o cantor Neil Diamond

25

D S T Q Q S S

1991 | Paul McCartney grava o *MTV Unplugged*

26

D S T Q Q S S

1955 | Nasce Eddie Van Halen

27

D S T Q Q S S

1944 | Nasce Nick Mason, baterista do Pink Floyd
1968 | Nasce Mike Patton, vocalista do Faith No More
1971 | David Bowie chega aos EUA pela primeira vez

28

D S T Q Q S S

1965 | The Who faz sua primeira aparição na TV inglesa
1985 | Gravação da canção "We are the world"

29

D S T Q Q S S

1949 | Nasce Tommy Ramone
1972 | Início da turnê Ziggy Stardust pelo Reino Unido

30

D S T Q Q S S

1947 | Nasce Steve Marriott (Small Faces/Humble Pie)
1951 | Nasce o cantor e baterista Phil Collins
1965 | Nasce Marcelo Bonfá, baterista da Legião Urbana
1968 | Velvet Underground lança "White Light/White Heat"

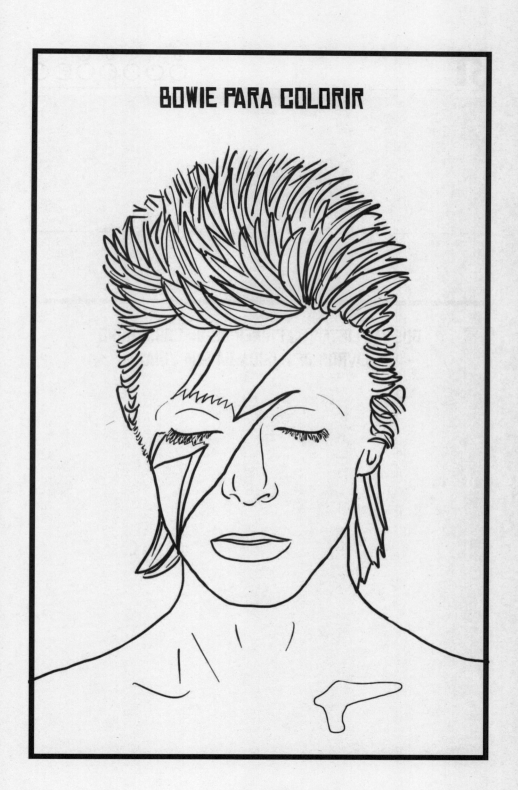

31

D S T Q Q S S

1956 | Nasce John Lydon, vocalista de Sex Pistols e PiL

QUE TAL LISTAR OS PRIMEIROS DISCOS, SHOWS E LIVROS DE MÚSICA DA SUA VIDA?

ANOTAÇÕES

ANOTAÇÕES

ANOTAÇÕES

FEVEREIRO

O rock era um gênero recém-nascido quando, em 1959, sofreu uma de suas maiores tragédias. O dia 3 de fevereiro tornou-se, desde então, "o dia em que a música morreu". Na verdade, o título surgiu em 1971, com o lançamento de "American Pie", de Don McLean, que cita o acidente de avião que matou Buddy Holly, Ritchie Valens e The Big Bopper, além do piloto Roger Peterson.

Os músicos excursionavam pelos EUA com a turnê The Winter Dance Party, projetada para cobrir 24 cidades do centro-oeste do país em apenas três semanas. Um dos maiores desafios era o tempo das viagens feitas de ônibus, que além das grandes distâncias, ainda competiam com a falta de estrutura do transporte em pleno inverno. Entre discussões sobre o alto valor para fretar um avião (36 dólares por pessoa) e jogos de cara ou coroa, Holly, Valens e Bopper embarcaram em um avião monomotor modelo Beechcraft Bonanza B35, que decolou do aeroporto municipal de Mason City por volta de 0h55. Na manhã seguinte, os destroços foram encontrados em uma plantação a poucos quilômetros do local da decolagem. Segundo a perícia, o piloto errou na interpretação dos instrumentos por ter pouca experiência naquela situação de voo.

Os músicos eram os grandes nomes jovens da música na época, e influenciaram diversos artistas que estouraram nos anos seguintes, incluindo McLean, que comentou que tinha apenas 13 anos quando perdeu seus grandes ídolos, o que lhe causou uma imensa tristeza. O acidente acabou levando-o a criar a abertura de um dos maiores clássicos do rock 11 anos depois.

Além da canção, a história rendeu diversos documentários e filmes, e como fevereiro é temporada de premiações, selecionamos uma série de filmes sobre música para você curtir ao longo do mês.

04

D S T Q Q S S

1948 | Nasce o cantor Alice Cooper

05

D S T Q Q S S

1962 | Nasce Edgar Scandurra, guitarrista do IRA!
1962 | Nasce Duff McKagan, baixista do Guns n' Roses

06

D S T Q Q S S

1942 | Nasce o cantor Bob Marley
1962 | Nasce Axl Rose, vocalista do Guns n' Roses
1984 | Último show dos Talking Heads em festival na Nova Zelândia
1998 | Morre Carl Wilson, dos Beach Boys

01

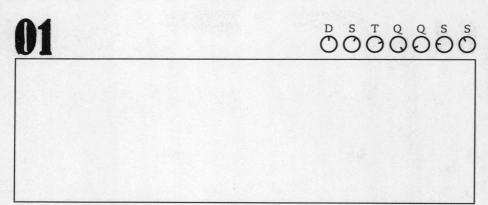

1968 | Nasce Lisa Marie Presley, filha única de Elvis Presley
1994 | Green Day lança o álbum *Dookie*

02

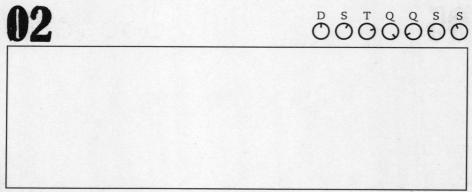

1942 | Nasce Graham Nash
1956 | The Coasters assinam com a Atlantic Records
1979 | Morre de overdose Sid Vicious, baixista do Sex Pistols
1981 | Iron Maiden lança o clássico *Killers*

03

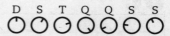

1947 | Nasce Dave Davies, guitarrista do The Kinks
1959 | Morrem Buddy Holly, Ritchie Valen e Big Bopper

07

D S T Q Q S S

1964 | Os Beatles visitam os EUA pela primeira vez
1980 | Pink Floyd inicia The Wall Tour nos EUA

08

D S T Q Q S S

1961 | Nasce Vince Neil, vocalista do Mötley Crüe
1944 | Nasce Jim Capaldi, do Traffic
1990 | Morre o cantor Del Shannon
2012 | Morre o cantor argentino Luis Alberto Spinetta

09

D S T Q Q S S

1981 | Morre o cantor Bill Halley

| FEVEREIRO

10

D S T Q Q S S

1962 | Nasce Cliff Burton, baixista do Metallica
1972 | Bowie inicia a turnê Ziggy Stardust

11

D S T Q Q S S

1935 | Nasce o cantor Gene Vincent
1962 | Nasce a cantora Sheryl Crow
1964 | Os Beatles tocam pela primeira vez nos EUA
2012 | Morre a cantora Whitney Houston

12

D S T Q Q S S

1939 | Nasce Ray Manzarek, The Doors
1950 | Nasce Steve Hackett, do Genesis

13

D S T Q Q S S

1950 | Nasce Peter Gabriel, do Genesis
1956 | Nasce Peter Hook, de Joy Division e New Order
1970 | Black Sabbath lança seu primeiro disco

14

D S T Q Q S S

1970 | The Who grava seu *Live at Leeds*

15

D S T Q Q S S

1974 | A banda Deep Purple lança o disco *Burn*
1975 | O Rush lança seu álbum *Fly by Night*

31 | FEVEREIRO

16

D S T Q Q S S

1965 | Nasce Dave Lombardo, baterista do Slayer

17

D S T Q Q S S

1972 | Nasce Billie Joe Armstrong, vocalista do Green Day
1975 | AC/DC lança seu disco de estreia na Austrália
1975 | John Lennon lança "Stand by Me" nos EUA
1976 | Os Eagles lançam a coletânea *Their Greatest Hits*, um dos discos mais vendidos da história

18

D S T Q Q S S

1933 | Nasce Yoko Ono
1974 | O KISS lança seu álbum de estreia homônimo

10 DICAS

DE FILMES E SÉRIES
SOBRE MÚSICA

**O DIA EM QUE A MÚSICA MORREU: A HISTÓRIA DE
'AMERICAN PIE' DE DON MCLEAN (2022)**
Diretor: Mark Moormann

LA BAMBA (1987)
Diretor: Luis Valdez

QUASE FAMOSOS (2000)
Diretor: Cameron Crowe

FEBRE DE JUVENTUDE (1978)
Diretor: Robert Zemeckis

PISTOL (2022)
Diretor: Danny Boyle

ACONTECEU EM WOODSTOCK (2009)
Diretor: Ang Lee

**SUMMER OF SOUL (...OU, QUANDO A REVOLUÇÃO NÃO
PODE SER TELEVISIONADA) (2021)**
Diretor: Questlove

O BARATO DE IACANGA (2019)
Diretor: Thiago Mattar

NO DIRECTION HOME (2005)
Diretor: Martin Scorsese

DAISY JONES & THE SIX (2023)
Diretor: Will Graham

19

D S T Q Q S S

1943 | Nasce Mama Cass Elliott, cantora do The Mamas and The Papas
1948 | Nasce Tony Iommi, do Black Sabbath
1977 | Fleetwood Mac lança o álbum *Rumours*
1980 | Morre Bon Scott, vocalista do AC/DC

20

D S T Q Q S S

1963 | Nasce Ian Brown, vocalista dos Stone Roses
1967 | Nasce Kurt Cobain, vocalista do Nirvana
1996 | O Sepultura lança o disco *Roots*

21

D S T Q Q S S

1933 | Nasce a cantora e musicista Nina Simone
1961 | Ainda sem Ringo, os Beatles fazem sua estreia no Cavern

22

D S T Q Q S S

2015 | Morre Renato Rocha, baixista da Legião Urbana
2022 | Morre Mark Lanegan, vocalista do Screaming Trees

23

D S T Q Q S S

1944 | Nasce Johnny Winter

24

D S T Q Q S S

1950 | Nasce George Thorogood
1973 | The Byrds fazem seu último show
1975 | Led Zeppelin lança o disco *Physical Graffiti*

25

D S T Q Q S S

1943 | Nasce George Harrison, guitarrista dos Beatles
2019 | Morre Mark Hollis, vocalista do Talk Talk

26

D S T Q Q S S

1928 | Nasce o músico Fats Domino
1977 | A banda Eagles lança o disco *Hotel California*
1987 | *White Album* foi o primeiro dos Beatles em formato CD

27

D S T Q Q S S

1957 | Nasce Adrian Smith, do Iron Maiden
1984 | Queen lança o álbum *The Works*

QUIZ
ACIDENTES DE AVIÃO

1. EM QUE CIDADE ACONTECEU O ACIDENTE COM O AVIÃO QUE LEVAVA A BANDA MAMONAS ASSASSINAS EM MARÇO DE 1996?

---

2. QUAIS FORAM OS INTEGRANTES DA BANDA LYNYRD SKYNYRD QUE MORRERAM EM UM ACIDENTE EM 1977?

---

3. RANDY RHOADS TOCAVA QUE INSTRUMENTO NA BANDA DE OZZY OSBOURNE QUANDO MORREU EM 1982?

---

4. QUANTOS ANOS TINHA OTIS REDDING QUANDO O AVIÃO EM QUE ESTAVA SE CHOCOU COM O LAGO MONONA EM 1967?

---

5. QUAL O NOME DO MÚSICO QUE PERDEU NO CARA OU COROA CONTRA RITCHIE VALENS, UM DOS MÚSICOS DO TRÁGICO "DIA EM QUE A MÚSICA MORREU"?

RESPOSTAS: 1. Serra da Cantareira, SP / 2. Ronnie Van Zant, Steve Gaines e Cassie Gaines / 3. Guitarra / 4. 26 anos / 5. Tommy Allsup

28

D S T Q Q S S

1942 | Nasce Brian Jones, guitarrista dos Rolling Stones
1957 | Nasce Cindy Wilson, do B-52's
1983 | U2 lança o disco *War*

29

D S T Q Q S S

2012 | Morre Davy Jones, vocalista do The Monkees

ANOTAÇÕES

ANOTAÇÕES

ANOTAÇÕES

MARÇO

Não adianta, o calendário muda para março e aí é que a gente sente que o ano começou. E começa com tudo, com peso, assim como o gênero que pauta os próximos 31 dias: o heavy metal. Mesmo com várias subdivisões de estilo, o fato é que a gente identifica com facilidade a diferença do metal: o peso, seja no som massivo e encorpado, nas distorções e riffs das guitarras, no volume, sempre alto, ou no timbre saturado dos amplificadores.

Mas não é só por começarmos o ano com tudo e de vez que o heavy metal foi eleito para embalar março: foi em março de 1986 que o Metallica lançou *Master of Puppets*, primeiro álbum de thrash metal a ser certificado com um disco de platina e reconhecido como um dos mais importantes do gênero. Assim como, em 1982, chegava às lojas *The Number of the Beast*, do Iron Maiden, outro clássico do estilo. Lá em 1974, nos primórdios dos grandes shows internacionais no Brasil, a gente recebia por aqui o primeiro grande show internacional de rock, com Alice Cooper – e foi nessa turnê que Rita Lee roubou as cobras do músico, Mouchie e Angel, e as levou pra casa.

Mas março também é tempo de volta às aulas, e a gente traz algumas bandas que nasceram em ambientes escolares, já que, afinal, escola é lugar de rock, sim! E já que a ideia é se preparar para o resto do ano, vale também começar a anotar quais os shows que não podem faltar na sua lista (e a gente ajuda você a se organizar).

01

D S T Q Q S S

1945 | Nasce Roger Daltrey, vocalista do The Who
1973 | Pink Floyd lança *The Dark Side of the Moon*

02

D S T Q Q S S

1942 | Nasce o cantor e compositor Lou Reed
1948 | Nasce o músico Rory Gallagher
1962 | Nasce o cantor Jon Bon Jovi
1996 | Acidente aéreo mata integrantes dos Mamonas Assassinas

03

D S T Q Q S S

1967 | Jeff Beck Group faz seu primeiro show
1986 | Metallica lança o álbum *Master of Puppets*

04

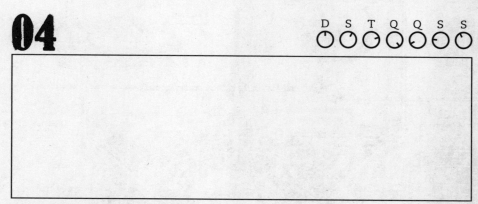

1963 | Nasce Jason Newsted, baixista do Metallica
2003 | Morre a cantora Celly Campello

05

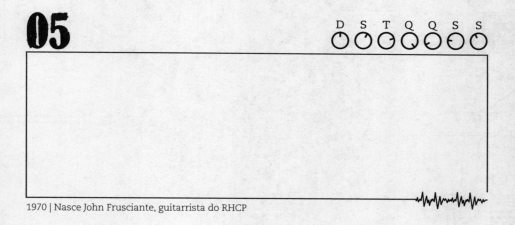

1970 | Nasce John Frusciante, guitarrista do RHCP

06

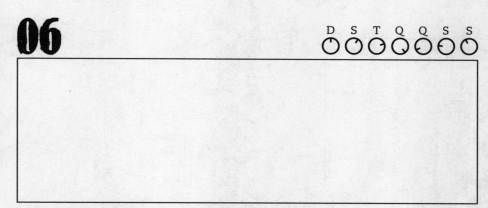

1946 | Nasce David Gilmour, guitarrista do Pink Floyd
2013 | Morre Chorão, vocalista do Charlie Brown Jr.

07

D S T Q Q S S

1952 | Tem início no Reino Unido a publicação *New Music Express*
1975 | David Bowie lança o álbum *Young Americans*

08

D S T Q Q S S

1969 | O MC5 lança o compacto de "Kick Out the Jams"
2016 | Morre George Martin

09

D S T Q Q S S

1942 | Nasce John Cale, guitarrista do Velvet Underground
1987 | U2 lança o disco *Joshua Tree*

10

D S T Q Q S S

2016 | Morre o tecladista Keith Emerson
1991 | A banda Mookie Blaylock altera o nome para Pearl Jam

11

D S T Q Q S S

1955 | Nasce a cantora Nina Hagen
1970 | Crosby, Stills, Nash & Young lançam *Déjà Vu*

12

D S T Q Q S S

1956 | Nasce Steve Harris, baixista do Iron Maiden
1967 | Velvet Underground lança seu disco de estreia

13

D S T Q Q S S

1939 | Nasce o cantor Neil Sedaka
1960 | Nasce Adam Clayton, do U2
1965 | Eric Clapton deixa o Yardbirds
1969 | A Banda Black Sabbath faz seu primeiro show

14

D S T Q Q S S

1987 | No Doubt faz seu primeiro show

15

D S T Q Q S S

1941 | Nasce o cantor Mike Love, dos Beach Boys
1943 | Nasce o músico Sly Stone
1955 | Tom Parker se torna empresário de Elvis Presley
1976 | KISS lança o disco *Destroyer*

16

D S T Q Q S S

1962 | Nasce o músico Branco Mello, dos Titãs
2014 | Morre o baterista Scott Asheton, do The Stooges

17

D S T Q Q S S

1967 | Nasce Billy Corgan, vocalista do Smashing Pumpkins

18

D S T Q Q S S

2002 | Talking Heads se reúne para show no Rock n' Roll Hall of Fame
2017 | Morre o cantor Chuck Berry

LISTA DE SHOWS
QUE NÃO POSSO PERDER ESSE ANO

ARTISTA: _____

LOCAL: _____

DATA: _____

INGRESSOS: _____

ARTISTA: _____

LOCAL: _____

DATA: _____

INGRESSOS: _____

ARTISTA: _____

LOCAL: _____

DATA: _____

INGRESSOS: _____

ARTISTA: _____

LOCAL: _____

DATA: _____

INGRESSOS: _____

19

D S T Q Q S S

1953 | Nasce Rick Wilson, do B52's
1957 | Elvis compra a mansão Graceland
1971 | Jethro Tull lança o disco *Aqualung*
1975 | KISS lança o disco *Dress to Kill*

20

D S T Q Q S S

1981 | Queen faz show no estádio do Morumbi
2020 | Morre o cantor Kenny Rogers

21

D S T Q Q S S

1983 | O Pink Floyd lança *The Final Cut*

22

1963 | Os Beatles lançam seu primeiro disco, *Please, Please Me*
1982 | O Iron Maiden lança o álbum *The Number of the Beast*
2018 | Morre Carlos Eduardo Miranda

23

1944 | Nasce Ric Ocasek, guitarrista e vocalista do The Cars
1968 | Nasce o cantor e músico Damon Albarn, de Blur e Gorillaz

24
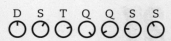

1958 | Elvis entra para o exército dos EUA

25

D S T Q Q S S

1942 | Nasce a cantora Aretha Franklin
1947 | Nasce o músico e cantor Elton John
1967 | The Who se apresenta pela primeira vez nos EUA
2022 | Morre Taylor Hawkins, baterista do Foo Fighters

26

D S T Q Q S S

1948 | Nasce o músico e cantor Steven Tyler, do Aerosmith
1975 | O filme baseado em *Tommy*, do The Who, é lançado

27

D S T Q Q S S

1960 | Nasce o músico e cantor Renato Russo

PALAVRAS CRUZADAS

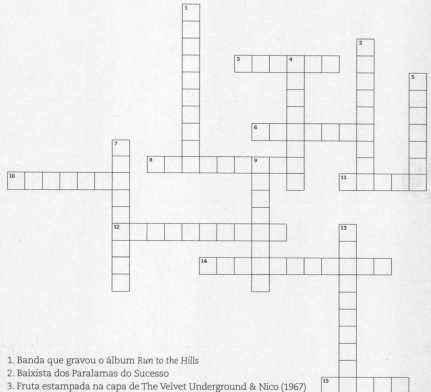

1. Banda que gravou o álbum *Run to the Hills*
2. Baixista dos Paralamas do Sucesso
3. Fruta estampada na capa de The Velvet Underground & Nico (1967)
4. Quarto álbum de estúdio da banda britânica Jethro Tull
5. Roger, vocalista da banda The Who
6. Título que foi cogitado pelo Pink Floyd para *The Dark Side of the Moon*
7. Canção do álbum *Houses of the Holy*, do Led Zeppelin
8. Cantora que ficou conhecida no Brasil como Garota de Berlim
9. Banda de Billie Joe Armstrong
10. Nome de uma das cobras de Alice Cooper que foi morar com Rita Lee
11. Filme lançado em 1975 que conta com integrantes da banda The Who
12. Guitarrista do AC/DC que se apresenta usando uniforme escolar
13. Disco lançado pelo U2 em março de 1987
14. Compositor brasileiro, nascido em 27 de março de 1960
15. Primeiro nome do cantor norte-americano Lou Reed

RESPOSTAS: 1. Iron Maiden / 2. Bi Ribeiro / 3. Banana / 4. Aqualung / 5. Daltrey / 6. Eclipse / 7. Dyermaker / 8. Nina Hagen / 9. Green Day / 10. Mouchie / 11. Tommy / 12. Angus Young / 13. Joshua Tree / 14. Renato Russo / 15. Lewis

55 | MARÇO

28

D S T Q Q S S

1973 | Led Zeppelin lança *Houses of the Holy*
1996 | Phil Collins deixa o Genesis

29

D S T Q Q S S

1959 | Nasce Perry Farrell, de Jane's Addiction

30

D S T Q Q S S

1945 | Nasce Eric Clapton
1961 | Nasce Bi Ribeiro, baixista dos Paralamas do Sucesso
1964 | Nasce Tracy Chapman
1967 | Sessão de fotos para a capa de *Sgt. Pepper's Lonely Hearts Club Band*

31

D S T Q Q S S

1955 | Nasce Angus Young, guitarrista do AC/DC
1957 | Johnny Cash, Carl Perkins e Jerry Lee Lewis saem em turnê
1958 | Chuck Berry lança compacto com "Johnny B. Goode"
1967 | Jimi Hendrix incendeia uma guitarra pela primeira vez

ANOTAÇÕES

ANOTAÇÕES

ANOTAÇÕES

ABRIL

Doze polegadas de policloreto de vinila tocadas em 33 e ⅓ rotações por minuto carregam um universo incrível, comumente chamado de LP ou disco de vinil. A chapa fabricada através de processos eletromecânicos foi inventada pelo engenheiro Peter Carl Goldmark, funcionário da Columbia Records, para substituir os velhos discos de 78 rpm, e lançada em 21 de junho de 1948. De lá pra cá, o formato revolucionou a indústria, pautou a maneira de artistas criarem suas obras e passou um tempo com a fama de ultrapassado até voltar para as estantes dos apaixonados por música. No Brasil, comemoramos no dia 20 de abril o Dia do Disco de Vinil, uma homenagem ao músico Ataulfo Alves, que faleceu nesse dia em 1968. Dez anos depois, o vereador carioca Edgar de Carvalho criou o Dia do Disco e a data se consolidou nos calendários oficiais.

Mas abril não é só mês do disco no Brasil, já que em diversos países do mundo, desde 2007, o Record Store Day é comemorado anualmente, para celebrar a cultura da loja de discos. O evento é realizado no terceiro sábado do mês, mobilizando fãs, artistas e milhares de lojas independentes nos EUA, Reino Unido, México, Japão e Austrália. Além de festas e ações promocionais, diversos lançamentos especiais e prensagens comemorativas são comercializados no RSD. E já que disco é o tema do mês, a gente te convida a tirar seu álbum preferido da estante e colocar no prato para rodar, afinal, não há jeito mais legal de celebrar o disco.

01

D S T Q Q S S

1946 | Nasce Ronnie Lane, dos Faces
1985 | David Lee Roth deixa o Van Halen

02

D S T Q Q S S

03

D S T Q Q S S

1968 | Nasce o músico Sebastian Bach
1979 | A cantora Kate Bush inicia sua primeira turnê mundial

04

D S T Q Q S S

1913 | Nasce Muddy Waters
1952 | Nasce Gary Moore
1958 | Nasce Cazuza

05

D S T Q Q S S

1994 | Morre Kurt Cobain
2002 | Morre Layne Staley, vocalista do Alice in Chains

06

D S T Q Q S S

1968 | Syd Barrett deixa o Pink Floyd

63 | ABRIL

07

D S T Q Q S S

1975 | Richie Blackmore deixa o Deep Purple
1990 | Steve Adler deixa o Guns n' Roses

08

D S T Q Q S S

1963 | Nasce Julian Lennon
2010 | Morre Malcolm Mclaren

09

D S T Q Q S S

1932 | Nasce o cantor Carl Perkins
1945 | Nasce o músico Steve Gadd

65 | ABRIL

10

D S T Q Q S S

1959 | Nasce o cantor Brian Setzer, do Stray Cats
1962 | Morre Stuart Sutcliffe, baixista dos Beatles

11

D S T Q Q S S

1961 | Bob Dylan abre o show de John Lee Hooker
2012 | Guns n' Roses recusa indicação ao RnR Hall of Fame

12

D S T Q Q S S

1994 | Os Raimundos lançam seu primeiro disco
2000 | Metallica processa a plataforma "Napster"

13

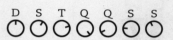

1962 | Nasce Hillel Slovak, guitarrista do RHCP
1973 | David Bowie lança o disco *Aladdin Sane*

14

1945 | Nasce Ritchie Blackmore, do Deep Purple
1983 | David Bowie lança o disco *Let's Dance*
2010 | Morre Peter Steele, do Type O Negative
1975 | Ron Wood entra para os Rolling Stones

15

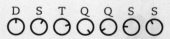

1966 | Os Rolling Stones lançam o álbum *Aftermath*
2001 | Morre o cantor Joey Ramone

16

D S T Q Q S S

1939 | Nasce a cantora Dusty Springfield
1964 | Os Rolling Stones lançam seu primeiro disco
1996 | Rage Against the Machine lança *Evil Empire*

17

D S T Q Q S S

1955 | Nasce Pete Shelley, líder do Buzzcocks
1960 | Morre Eddie Cochran
1969 | The Band faz sua primeira turnê
1970 | Paul lança *McCartney*

18

D S T Q Q S S

1981 | O Yes anuncia o fim das atividades

DEZ DISCOS

CLÁSSICOS INDISPENSÁVEIS PARA COMEÇAR SUA COLEÇÃO DE VINIL

1. MARVIN GAYE, 'WHAT'S GOING ON' (1971)

2. THE BEACH BOYS, 'PET SOUNDS' (1966)

3. JONI MITCHEL, 'BLUE' (1971)

4. STEVIE WONDER, 'SONGS IN THE KEY OF LIFE' (1976)

5. THE BEATLES, 'ABBEY ROAD' (1969)

6. NIRVANA, 'NEVERMIND' (1991)

7. FLEETWOOD MAC, 'RUMOURS' (1977)

8. PRINCE AND THE REVOLUTION, 'PURPLE RAIN' (1984)

9. BOB DYLAN, 'BLOOD ON TRACKS' (1975)

10. CAROLE KING, 'TAPESTRY' (1971)

19

D S T Q Q S S

1971 | The Doors lança o disco L.A. *Woman*
2012 | Morre o músico Mark Lavon Helm, baterista de The Band

20

D S T Q Q S S

1967 | Nasce o músico Mike Portnoy
1990 | Paul McCartney se apresenta no Rio de Janeiro
1991 | Morre o músico Steve Marriott
Dia do Disco

21

D S T Q Q S S

1947 | Nasce Iggy Pop
1959 | Nasce Robert Smith, do The Cure
2016 | Morre o músico e cantor Prince

22

D S T Q Q S S

1950 | Nasce o músico Peter Frampton
2013 | Morre o cantor Richie Havens

23

D S T Q Q S S

1936 | Nasce o cantor Roy Orbison
1991 | Morre Johnny Thunders, do New York Dolls
2017 | Morre o cantor Jerry Adriani

24

D S T Q Q S S

1945 | Nasce Doug Clifford, baterista do Creedence Clearwater Revival

25

D S T Q Q S S

1945 | Nasce o músico Stu Cook, baixista do Creedence Clearwater Revival

26

D S T Q Q S S

27

D S T Q Q S S

1948 | Nasce a cantora Kate Pierson, do B52's
1951 | Nasce Ace Frehley, guitarrista do KISS

ATIVIDADE

CERTAS CAPAS DE DISCOS SÃO TÃO ICÔNICAS QUE É IMPOSSÍVEL NÃO IDENTIFICAR A OBRA CORRESPONDENTE. VOCÊ CONSEGUE ADIVINHAR QUE DISCOS SÃO ESSES SÓ OLHANDO AS IMAGENS?

 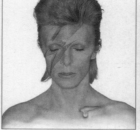 

RESPOSTAS: Sgt Pepper's Lonely Hearts Club Band / The Dark Side of The Moon / Nevermind / Physical Graffiti / The Velvet Underground and Nico / Unknown Pleasures / Sticky Fingers / Aladdin Sane / London Calling

73 | ABRIL

28

D S T Q Q S S

1943 | Nasce o compositor francês Jacques Dutronc
1953 | Nasce Kim Gordon, do Sonic Youth
1978 | O AC/DC lança o álbum *Powerage*

29

D S T Q Q S S

30

D S T Q Q S S

31

D S T Q Q S S

CURIOSIDADES SOBRE O VINIL

1. Os dois primeiros discos a serem lançados no formato Long Play foram *The Voice of Frank Sinatra* e *Mendelssohn: Concert In E Minor For Violin And Orchestra Opus 64*

2. Seis meses depois do lançamento do LP, a Columbia comercializou 1 milhão e 250 mil discos no novo formato

3. O policloreto de vinila, material de que é feito o disco, é transparente. A cor é incluída na hora da prensagem

4. A capacidade de cada lado é de no máximo 30 minutos

5. O LP foi uma criação da Columbia Records, enquanto o single, lançado em 1949, é um produto da RCA-Victor

6. O lançamento do disco de vinil ocorreu em uma coletiva de imprensa, no Hotel Waldorf Astoria, em Nova York, no dia 21 de junho de 1948

7. No Brasil, o primeiro LP de 10 polegadas foi lançado comercialmente em janeiro de 1951, pela gravadora Sinter, através do selo Capitol. Era *Carnaval em Long Playing*, uma coletânea de marchinhas para o Carnaval daquele ano

ANOTAÇÕES

ANOTAÇÕES

MAIO

Say it loud! I'm black and I'm proud! Maio é totalmente Black Power e a gente pode provar: é neste mês que celebramos os nascimentos de James Brown, Robert Johnson, Stevie Wonder, Lenny Kravitz, Miles Davis e T-Bone Walker. Foi em maio que nos despedimos de Bob Marley e que Chuck Berry fez sua primeira turnê pela Inglaterra, surfando na onda do sucesso da Invasão Britânica nos EUA.

Não fossem os pioneiros do blues e do jazz no início do século XX, o rock não teria nascido pelas guitarras de Sister Rosetta Tharpe, artista que influenciou nomes como Little Richard, Johnny Cash, Carl Perkins, Chuck Berry, Elvis Presley e Jerry Lee Lewis.

E maio também é mês de celebrar o lançamento de "Rock Around the Clock", outro marco na história do gênero. Para entender um pouco mais de onde vem e para onde foi o rock, apresentamos um mapa que nos leva para deliciosos caminhos musicais. Agora é só escolher o trajeto, colocar os fones e começar a viagem.

01

D S T Q Q S S

1967 | Elvis se casa com Priscilla no Aladdin Hotel, em Las Vegas
1977 | The Clash inicia The White Riot Tour

02

D S T Q Q S S

1929 | Nasce o músico Link Wray
1980 | Último show do Joy Division

03

D S T Q Q S S

1933 | Nasce o cantor James Brown
1934 | Nasce o cantor Frankie Valli

MAIO

04

D S T Q Q S S

1937 | Nasce o músico Dick Dale
1961 | Nasce Herbert Vianna, guitarrista dos Paralamas do Sucesso
1972 | Nasce Mike Dirnt, baixista do Green Day

05

D S T Q Q S S

1948 | Nasce Bill Ward, baterista do Black Sabbath
1959 | Nasce Ian McCulloch, vocalista do Echo and The Bunnymen

06

D S T Q Q S S

1945 | Nasce Bob Seger, músico e cantor

07

1961 | Nasce Phil Campbell, guitarrista do Motörhead
2016 | Axl Rose se apresenta pela primeira vez com o AC/DC

08

1911 | Nasce Robert Johnson
1951 | Nasce Chris Frantz, baterista do Talking Heads
1970 | Os Beatles lançam o disco *Let it Be*

09

1964 | Início da primeira turnê de Chuck Berry na Inglaterra

83 | MAIO

10

D S T Q Q S S

1946 | Nasce o cantor Donovan
1957 | Nasce o músico Sid Vicious, do Sex Pistols
1960 | Nasce o cantor Bono Vox, vocalista do U2

11

D S T Q Q S S

1941 | Nasce Eric Burdon, vocalista do The Animals
1981 | Morre o cantor Bob Marley
1992 | O Iron Maiden lança o disco *Fear of The Dark*

12

D S T Q Q S S

1945 | Nasce Ian McLagan, do Small Faces
1948 | Nasce o músico Steve Winwood, de Traffic, Spencer Davis Group e Blind Faith
1958 | Nasce o músico Eric Singer, do KISS

13

D S T Q Q S S

1941 | Nasce o músico e cantor Ritchie Valens
1950 | Nasce o músico e cantor Stevie Wonder

14

D S T Q Q S S

1943 | Nasce o músico Jack Bruce, do Cream
1952 | Nasce o cantor e músico David Byrne
1982 | O The Clash lança o disco *Combat Rock*
2008 | Morre o músico Wander Taffo, de Made in Brazil, Rádio Táxi, Secos & Molhados, Rita Lee e Taffo

15

D S T Q Q S S

1948 | Nasce o músico Brian Eno
1953 | Nasce Mike Oldfield

MAPA DO ROCK

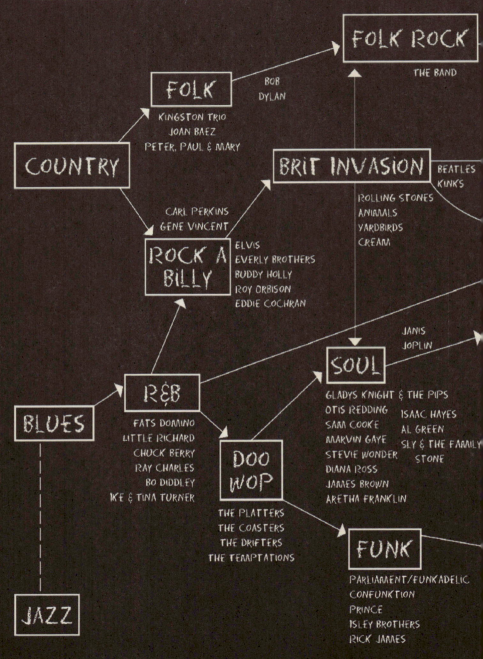

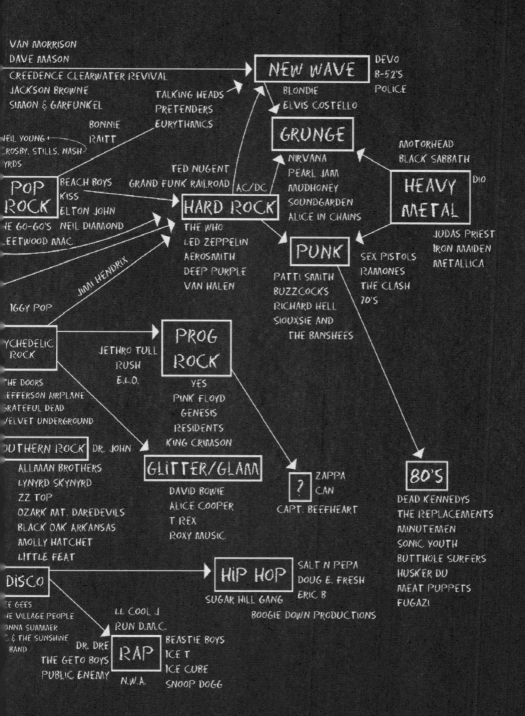

* mapa usado em episódio de School of Rock (dir. Richard Linklater, 2003)

16

D S T Q Q S S

1983 | O Iron Maiden lança o disco *Piece of Mind*
2010 | Morre o cantor Ronnie James Dio

17

D S T Q Q S S

1963 | Primeira edição do Monterey Folk Festival
1958 | Nasce Paul Di'anno, vocalista do Iron Maiden
1971 | Paul McCartney lança o álbum *RAM*

18

D S T Q Q S S

1949 | Nasce o músico Rick Wakeman, do Yes
1979 | David Bowie lança o disco *Lodger*
1980 | Morre Ian Curtis, vocalista do Joy Division
2017 | Morre Chris Cornell

19
D S T Q Q S S

1945 | Nasce o músico Pete Townshend
1951 | Nasce Joey Ramone
2017 | Morre o músico Kid Vinil

20
D S T Q Q S S

1944 | Nasce o cantor Joe Cocker
1954 | A música "Rock Around the Clock", de Bill Haley, é lançada
2013 | Morre o músico Ray Manzarek, do The Doors

21
D S T Q Q S S

22

1959 | Nasce Morrissey, vocalista do The Smiths
1989 | O Queen lança o disco *The Miracle*

23

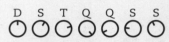

1934 | Nasce o inventor Robert Moog
1969 | O The Who lança o álbum *Tommy*
1979 | O KISS lança o disco *Dynasty*

24

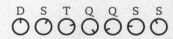

1941 | Nasce o cantor Bob Dylan
1968 | Os Rolling Stones lançam "Jumpin Jack Flash" no Reino Unido
1974 | David Bowie lança o álbum *Diamond Dogs*
1982 | A banda Queen lança o álbum *Hot Space*

25

1996 | Morre Bradley Nowell, vocalista e guitarrista do Sublime

26

1948 | Nasce a cantora Stevie Nicks, do Fleetwood Mac
1946 | Nasce o músico Mick Ronson
1964 | Nasce o músico Lenny Kravitz
1972 | Lançamento do single "Smoke on the Water", do Deep Purple

27

1957 | Nasce a cantora Siouxsie Sioux
1958 | Nasce o músico Neil Finn, de Crowded House
2017 | Morre Gregg Allman, fundador dos Allman Brothers

28

D S T Q Q S S

1910 | Nasce o músico T-Bone Walker
1945 | Nasce John Fogerty, do Creedence Clearwater Revival

29

D S T Q Q S S

1967 | Nasce o músico Noel Gallagher, do Oasis

30

D S T Q Q S S

1955 | Nasce o baterista Topper Headon, do The Clash
1964 | Nasce Tom Morello, de Rage Against The Machine e Audioslave
1986 | O Europe lança o disco *The Final Countdown!*

31

D S T Q Q S S

1948 | Nasce o baterista John Bonham, do Led Zeppelin

ANOTAÇÕES

ANOTAÇÕES

ANOTAÇÕES

JUNHO

A gente vai chegando na metade do calendário, o friozinho começa a surgir, e com ele o dia mais apaixonado do ano, o Dia dos Namorados. E como o amor está no ar, vamos celebrar: foi em junho de 1964 que Marianne Faithfull lançou sua versão de "As Tears Go By". Quer música mais de coração partido que essa? Mas, para além dos corações solitários – afinal, o clássico *Sgt. Pepper's Lonely Hearts Club Band* também é um disco do mês de junho –, celebramos o nascimento de três compositores apaixonados: Harry Nilsson, Paul McCartney e Brian Wilson. Só com esses três nomes já temos trilha sonora cheia de amor garantida o ano todo. É só colocar nossa playlist para tocar e curtir com seu par.

01

D S T Q Q S S

1947 | Nasce Ron Wood, guitarrista do Faces/Rolling Stones
1963 | Nasce Mike Joyce, baterista do The Smiths
1967 | Os Beatles lançam o álbum *Sgt Pepper's Lonely Hearts Club Band*
1974 | Nasce a cantora Alanis Morissette

02

D S T Q Q S S

1941 | Nasce Charlie Watts, baterista dos Rolling Stones
1986 | A banda Queen lança o álbum *A Kind of Magic*
2008 | Morre o músico Bo Diddley

03

D S T Q Q S S

1950 | Nasce a cantora Suzy Quatro

| JUNHO

1944 | Nasce a cantora Michelle Phillips, de The Mamas and The Papas
1984 | Bruce Springsteen lança o disco *Born in the USA*
1996 | Metallica lança o álbum *Load*
1997 | Morre Ronnie Lane, do Small Faces

 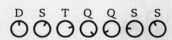

1941 | Nasce o cantor Erasmo Carlos
1952 | Nasce Nicko McBrain, baterista do Iron Maiden

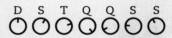

1960 | Nasce o músico Steve Vai
1964 | Rolling Stones faz seu primeiro show nos EUA
2006 | Morre o músico Billy Preston

07

D S T Q Q S S

1958 | Nasce o músico Prince
1967 | Nasce o músico Dave Navarro
1972 | Estreia na broadway o musical *Grease*

08

D S T Q Q S S

1999 | O Red Hot Chili Peppers lança o álbum *Californication*
2019 | Morre o músico e cantor Andre Matos

09

D S T Q Q S S

1959 | Nasce o músico Gregg Bissonette

10

D S T Q Q S S

1966 | Janis Joplin faz o primeiro show com a Big Brother & The Holding Co

11

D S T Q Q S S

1949 | Nasce Frank Beard, baterista do ZZ Top

12

D S T Q Q S S

1985 | Megadeth lança seu primeiro disco, *Killing is My Business*

13

D S T Q Q S S

1969 | O Pink Floyd lança o disco *More*
2001 | Morre Marcelo Fromer, guitarrista dos Titãs

14

D S T Q Q S S

1945 | Nasce Rod Argent, do The Zombies
1956 | Nasce King Diamond
1995 | Morre o músico Rory Gallagher

15

D S T Q Q S S

1941 | Nasce o músico Harry Nilsson
1982 | O KISS lança a coletânea *Killers*
1989 | O Nirvana lança o álbum *Bleach*

16

D S T Q Q S S

1972 | Nasce o guitarrista Kiko Loureiro
1972 | David Bowie lança *The Rise and Fall of Ziggy Stardust and the Spiders from Mars*
1978 | Nasce o baixista Champignon, de Charlie Brown Jr

17

D S T Q Q S S

18

D S T Q Q S S

1942 | Nasce Paul McCartney

19

D S T Q Q S S

1950 | Nasce Ann Wilson, vocalista da banda Heart

20

D S T Q Q S S

1942 | Nasce o músico e cantor Brian Wilson, dos Beach Boys
1969 | David Bowie grava "Space Oddity"
1974 | Traffic lança "When the Eagles Flies"

21

D S T Q Q S S

1944 | Nasce o músico Ray Davies, do The Kinks
1950 | Nasce o músico Joey Kramer, baterista do Aerosmith

| JUNHO

22

D S T Q Q S S

1948 | Nasce o músico Todd Rundgren

23

D S T Q Q S S

1940 | Nasce Stuart Sutcliffe, baixista dos Beatles
1995 | Os Mamonas Assassinas lançam seu único disco de estúdio

24

D S T Q Q S S

1947 | Nasce o músico Mick Fleetwood, baterista do Fleetwood Mac
1944 | Nasce o músico Jeff Beck
1942 | Nasce o cantor Arthur Brown

25

2009 | Morre o cantor Michael Jackson

26

1955 | Nasce o músico Mick Jones, guitarrista de The Clash, B.A.D, Gorillaz

27

1988 | Morre Hillel Slovak, guitarrista do RHCP
2002 | Morre o músico John Entwistle, baixista do The Who

28

D S T Q Q S S

1945 | Nasce o cantor Raul Seixas

29

D S T Q Q S S

1948 | Nasce o músico Ian Paice, baterista do Deep Puple
1965 | Nasce o músico Dado Villa-Lobos, guitarrista da Legião Urbana

30

D S T Q Q S S

1960 | Nasce o músico Tony Bellotto, guitarrista dos Titãs
1963 | Nasce o músico Yngwie Malmsteen

MÚSICAS PARA DECLARAR SEU AMOR

ADIVINHE DE QUEM SÃO OS TRECHOS
DAS BALADAS ABAIXO

1. "Transformar o tédio em melodia, ser teu pão, ser tua comida, todo amor que houver nesta vida"

2. "Nosso amor vale tanto, por você vou roubar os anéis de Saturno"

3. "Whenever I'm alone with you
You make me feel like I am home again
Whenever I'm alone with you
You make me feel like I am whole again"

4. "E até quem me vê lendo o jornal na fila do pão, sabe que eu te encontrei"

5. "Maybe I'm amazed at the way you help me sing my song
Right me when I'm wrong
And maybe I'm amazed at the way I really need you"

RESPOSTAS: 1. Cazuza, "Todo o amor que houver nessa vida." / 2. Rita Lee, "Descuipe o Auê." / 3. The Cure, "Lovesong." / 4. Los Hermanos, "Último Romance." / 5. Paul McCartney, "Maybe I'm Amazed."

ANOTAÇÕES

ANOTAÇÕES

ANOTAÇÕES

ANOTAÇÕES

JULHO

A gente poderia listar muitos motivos para julho ser o mês do rock, mas vamos ficar com um episódio que tem bastante responsabilidade por esse título: o Live Aid, evento que em 13 de julho de 1985 reuniu um elenco de estrelas para arrecadar fundos para combater a fome na Etiópia. O músico irlandês Bob Geldof colocou em palcos simultâneos no Wembley Stadium, em Londres, e outro no John F. Kennedy Stadium, na Filadélfia (EUA), nomes como Queen, David Bowie, The Who, U2, Led Zeppelin, Mick Jagger, Black Sabbath, Dire Straits, Eric Clapton, Elton John, Phil Collins, entre outros.

Durante as apresentações, o público era incentivado a ligar para um número de telefone e fazer doações. O Live Aid reuniu cerca de 72 mil pessoas no Wembley Stadium e 90 mil no JFK Stadium, e mais de 1,5 bilhão de espectadores que acompanharam os shows ao vivo pela TV. O evento arrecadou mais de 100 milhões de dólares, tornando-se um dos maiores eventos globais do rock até hoje.

Quem batizou a data como Dia do Rock foi Phil Collins, único artista a se apresentar nos dois palcos do evento, e sugeriu que 13 de julho marcasse a celebração. Curiosamente, o Dia Mundial do Rock é comemorado apenas no Brasil, por conta da popularização da data na década de 1990. Mas julho segue sendo um mês relacionado ao gênero, já que nos EUA os dias 5 e 9 do mês são celebrados pelos roqueiros norte--americanos, por conta da gravação de Elvis de "That's All Right", e também em referência à estreia do apresentador e produtor Dick Clark no programa de televisão *American Bandstand*, que ajudou a popularizar o gênero no país.

Independente de qual for o seu motivo, o que importa é comemorar com música, todos os dias.

01

D S T Q Q S S

1915 | Nasce Willie Dixon
1945 | Nasce Debbie Harry, vocalista do Blondie

02

D S T Q Q S S

2005 | O Live 8 reúne os quatro membros originais do Pink Floyd para um único show em 24 anos

03

D S T Q Q S S

1969 | Brian Jones, dos Rolling Stones, é encontrado morto
1968 | The Doors lança o disco *Waiting for The Sun*
1971 | Morre Jim Morrison, do The Doors
1996 | Alice in Chains faz seu último show com o vocalista Layne Staley

116 | JULHO

04

D S T Q Q S S

1976 | The Clash faz seu primeiro show
1995 | Foo Fighters lança seu álbum de estreia

05

D S T Q Q S S

1950 | Nasce o músico Huey Lewis

06

D S T Q Q S S

1925 | Nasce o músico e cantor Bill Haley

117 | JULHO

07

D S T Q Q S S

1940 | Nasce o músico Ringo Starr, dos Beatles
1970 | The Stooges lançam o disco *Fun House*
1990 | Morre o cantor Cazuza
2006 | Morre Syd Barrett

08

D S T Q Q S S

09

D S T Q Q S S

1946 | Nasce o cantor Bon Scott, do AC/DC
1946 | Nasce o baterista Mitch Mitchell, de Jimi Hendrix Experience
1960 | Nasce o músico Charles Gavin, dos Titãs
1964 | Nasce a cantora Courtney Love

10

D S T Q Q S S

1942 | Nasce o músico Ronnie James Dio
1964 | Os Beatles lançam o disco *A Hard Day's Night*

11

D S T Q Q S S

1959 | Nasce a cantora Suzanne Vega
2014 | Morre Tommy Ramone, baterista original dos Ramones

12

D S T Q Q S S

1943 | Nasce a musicista e cantora Christine McVie, do Fleetwood Mac
1950 | Nasce o músico Eric Carr, baterista do KISS
1962 | Os Rolling Stones tocam pela primeira vez no Marquee Pub, em Londres

13

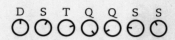

1942 | Nasce o músico Roger McGuinn, do The Byrds
1985 | Início do Live Aid, concerto beneficente para a Etiópia. Os shows aconteceram em Londres e na Filadélfia

14

1967 | The Who inicia sua primeira turnê pelos EUA
1982 | O Filme *The Wall* estreia no Reino Unido

15

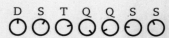

1952 | Nasce Johnny Thunders, do New York Dolls
1956 | Nasce o cantor Ian Curtis, do Joy Division
1956 | Nasce o músico Joe Satriani
1973 | Morre Clarence White, guitarrista do The Byrds

121 | JULHO

16

D S T Q Q S S

1952 | Nasce o músico Stewart Copeland, do The Police
2012 | Morre o músico Jon Lord, tecladista do Deep Purple
2014 | Morre o músico Johnny Winter

17

D S T Q Q S S

1992 | Guns n' Roses e Metallica iniciam turnê pelos EUA

18

D S T Q Q S S

1988 | Morre a cantora Nico, do Velvet Underground
1995 | Os Ramones lançam *Adios Amigos*, seu último disco de estúdio

19

D S T Q Q S S

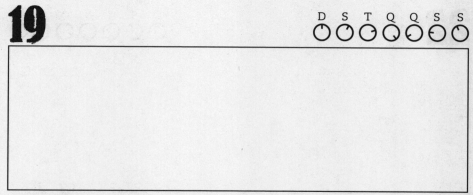

1947 | Nasce o músico Brian May, guitarrista do Queen

20

D S T Q Q S S

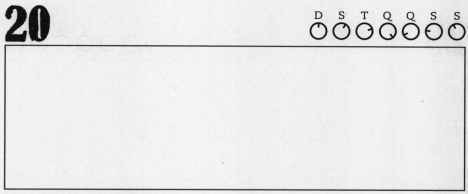

1947 | Nasce o músico Carlos Santana
1964 | Nasce o músico Chris Cornell
2017 | Morre Chester Bennington, vocalista do Linkin Park

21

D S T Q Q S S

1948 | Nasce o compositor e cantor Cat Stevens
1987 | Lançamento de *Appetite for Destruction*, disco de estreia do Guns n' Roses

22

D S T Q Q S S

1947 | Nasce o músico Don Henley, do Eagles

23

D S T Q Q S S

1965 | Nasce o guitarrista Slash
2011 | Morre a cantora Amy Winehouse

24

D S T Q Q S S

1987 | Estreia a cinebiografia *La Bamba*

ROTEIROS MUSICAIS

QUE TAL ESCOLHER UM DESTINO MUSICAL PARA SEU PRÓXIMO ROTEIRO? LISTAMOS ALGUMAS CIDADES E IDEIAS DE PASSEIOS PARA TORNAR SUA TRIP INESQUECÍVEL

LONDRES: das lojas de disco no Soho a todos os walking tours relacionados à música, Londres, sem dúvida, é uma das cidades mais recheadas de roteiros musicais. Você pode montar diversos passeios buscando pelas placas azuis, instaladas pelo departamento de Patrimônio Histórico, que desde 1866 sinaliza nos prédios da cidade locais onde viveram ou trabalharam pessoas extraordinárias. Já são mais de 1.000 pontos que podem ser localizados através de aplicativo.

LIVERPOOL: para além dos roteiros Beatle, que são muitos e cheios de histórias e passeios incríveis, Liverpool é uma cidade muito rica artisticamente, repleta de pubs e clubs com música ao vivo e com muita gente talentosa tocando. A dica é fazer um pub crawling pelos bares que contam com dias de microfone aberto, onde compositores apresentam seus trabalhos autorais.

RIO DE JANEIRO: se tem uma cidade que pode ser chamada de lar da música brasileira, é o Rio de Janeiro. Do samba no início do século XX, passando pela Bossa Nova e a explosão do rock brasileiro, muitos eventos importantes ocorreram na cidade, como as edições no Brasil do Rock in Rio e diversos shows históricos. A dica é aproveitar a programação no Circo Voador e torcer para conferir alguma atração se apresentando no Noites Cariocas, no Morro da Urca.

25

D S T Q Q S S

1943 | Nasce o músico Jim McCarty, baterista dos Yardbirds
1980 | O AC/DC lança o disco *Back in Black*

26

D S T Q Q S S

1943 | Nasce o cantor Mick Jagger, dos Rolling Stones
1949 | Nasce o músico Roger Taylor, baterista do Queen
1961 | Nasce Gary Cherone, vocalista de Extreme e Van Halen

27

D S T Q Q S S

1977 | Primeiro show do AC/DC nos EUA
1984 | O Metallica lança o disco *Ride the Lightning*

28

D S T Q Q S S

1943 | Nasce o músico Richard Wright, do Pink Floyd
1975 | O Black Sabbath lança o disco *Sabotage*

29

D S T Q Q S S

1953 | Nasce o músico Geddy Lee, do Rush
1974 | Morre a cantora Mama Cass Elliot, de The Mamas and The Papas
1980 | David Bowie estreia na peça *O Homem Elefante*

30

D S T Q Q S S

1958 | Nasce a cantora Kate Bush

31

D S T Q Q S S

1946 | Nasce o músico e cantor Gary Lewis
1958 | Nasce o músico Bill Berry, do R.E.M.

PARE TUDO QUE ESTIVER FAZENDO E COLOQUE A TERCEIRA FAIXA DO PRIMEIRO DISCO OU CD QUE VOCÊ ACHAR NA ESTANTE – NÃO VALE ESCOLHER. O LEGAL É PEGAR DE FORMA ALEATÓRIA MESMO. VÁ ANOTANDO AQUI E DEPOIS MONTE SUA PLAYLIST.

ANOTAÇÕES

ANOTAÇÕES

AGOSTO

Um dos mais famosos festivais de música nasceu em agosto de 1969, promovendo três dias de paz & música e marcando a história da pequena Bethel, no estado de Nova York, EUA. É isso mesmo, Woodstock não aconteceu em Woodstock, mas a 70 km dali, mudando totalmente a imagem e a dimensão do que um evento jovem era capaz de alcançar, reunindo mais de 500 mil pessoas em torno de uma celebração ao som de muito rock, com mais de 30 atrações que se apresentaram entre os dias 15 e 17 de agosto. Quer dizer, até a manhã do dia 18, segunda, já que Jimi Hendrix subiu ao palco às nove da manhã, se apresentando para apenas 40 mil pessoas.

Mas, para além de números impressionantes, Woodstock foi palco de performances inesquecíveis, como a impecável versão de "With a Little Help From My Friends" por Joe Cocker, a noite em que The Who quebrou tudo e mais um pouco e, claro, a consagração de Hendrix, que apresentou sua versão de guerra do hino "The Star Spangled Banner". Nós listamos algumas curiosidades sobre o evento e preparamos uma playlist com performances de diversos festivais para você acompanhar.

01

D S T Q Q S S

1942 | Nasce o músico Jerry Garcia, do Grateful Dead

02

D S T Q Q S S

1944 | Nasce o músico Jim Capaldi, do Traffic

03

D S T Q Q S S

1963 | Nasce o músico James Hetfield, vocalista e guitarrista do Metallica

| AGOSTO

04

D S T Q Q S S

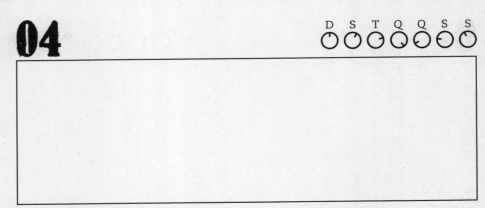

1956 | Elvis Presley lança a música "Hound Dog"
1969 | Nasce Max Cavalera, de Sepultura e Soulfly

05

D S T Q Q S S

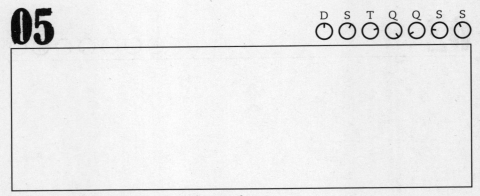

1967 | O Pink Floyd lança o disco *Piper at the Gates of Dawn*

06

D S T Q Q S S

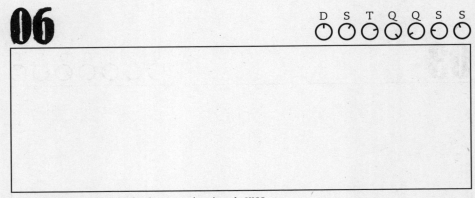

1952 | Nasce o músico Vinnie Vincent, guitarrista do KISS
1965 | Os Beatles lançam o disco *Help*
1996 | Último show dos Ramones
2012 | Morre o músico Celso Blues Boy

07

D S T Q Q S S

1958 | Nasce o cantor Bruce Dickinson, vocalista do Iron Maiden

08

D S T Q Q S S

1961 | Nasce o músico The Edge, guitarrista do U2

09

D S T Q Q S S

1963 | Nasce a cantora Whitney Houston
1995 | Morre Jerry Garcia, do Grateful Dead

10

D S T Q Q S S

1947 | Nasce o músico Ian Anderson, do Jethro Tull

11

D S T Q Q S S

1957 | Nasce Richie Ramone, baterista dos Ramones

12

D S T Q Q S S

1949 | Nasce Mark Knopfler, guitarrista do Dire Straits
1991 | O Metallica lança o *Black Album*

13

D S T Q Q S S

1965 | Jefferson Airplane faz sua estreia nos palcos em San Francisco

14

D S T Q Q S S

1941 | Nasce o músico David Crosby

15

D S T Q Q S S

1969 | Início do Festival de Woodstock

| AGOSTO

10 CURIOSIDADES

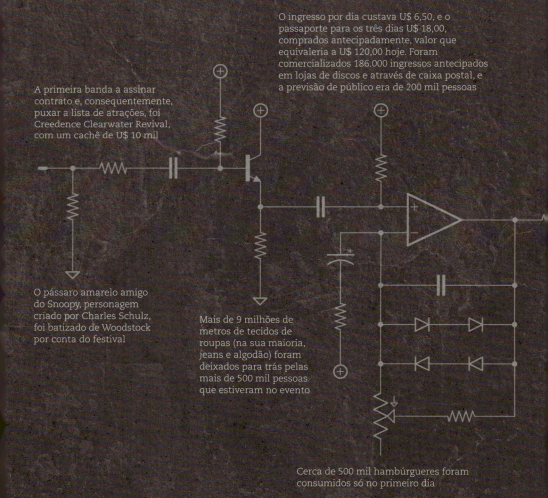

O ingresso por dia custava U$ 6,50, e o passaporte para os três dias U$ 18,00, comprados antecipadamente, valor que equivaleria a U$ 120,00 hoje. Foram comercializados 186.000 ingressos antecipados em lojas de discos e através de caixa postal, e a previsão de público era de 200 mil pessoas

A primeira banda a assinar contrato e, consequentemente, puxar a lista de atrações, foi Creedence Clearwater Revival, com um cachê de U$ 10 mil

O pássaro amarelo amigo do Snoopy, personagem criado por Charles Schulz, foi batizado de Woodstock por conta do festival

Mais de 9 milhões de metros de tecidos de roupas (na sua maioria, jeans e algodão) foram deixados para trás pelas mais de 500 mil pessoas que estiveram no evento

Cerca de 500 mil hambúrgueres foram consumidos só no primeiro dia

FESTIVAL DE WOODSTOCK

As pessoas se comunicavam através de bilhetes deixados nas árvores ao longo da estrada que levava à propriedade, como uma rede social analógica

Havia apenas 18 médicos e 36 enfermeiras trabalhando para atender os casos de saúde do evento, que teve mais de 3 mil emergências médicas, duas mortes e dois nascimentos

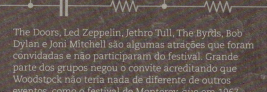

The Doors, Led Zeppelin, Jethro Tull, The Byrds, Bob Dylan e Joni Mitchell são algumas atrações que foram convidadas e não participaram do festival. Grande parte dos grupos negou o convite acreditando que Woodstock não teria nada de diferente de outros eventos, como o festival de Monterey, que em 1967 tinha reunido em torno de 25 mil pessoas

O repórter do *New York Times* Barnard Collier, um dos poucos jornalistas que acompanharam Woodstock, afirma que foi pressionado por editores a escrever matérias negativas sobre o evento, até ser liberado pelo editor-executivo do jornal, James Reston. Sua cobertura relatou questões de problemas de tráfego e pequenas infrações, mas enfatizou a cooperação, a generosidade e a boa índole dos participantes do festival. Ao final do evento, Collier escreveu outra matéria sobre o êxodo de fãs e os poucos registros de violência

O nome oficial do festival era Feira de Artes e Música de Woodstock

16

D S T Q Q S S

1977 | Morre o cantor Elvis Presley
1980 | Início do primeiro Festival Monsters of Rock

17

D S T Q Q S S

18

D S T Q Q S S

1977 | The Police faz seu primeiro show
1978 | The Who lança o disco *Who Are You*
2012 | Morre o cantor Scott McKenzie

19

D S T Q Q S S

1939 | Nasce o músico Ginger Baker, baterista do Cream
1945 | Nasce o músico e cantor Ian Gillan, do Deep Purple
1951 | Nasce John Deacon, baixista do Queen

20

D S T Q Q S S

1948 | Nasce o cantor Robert Plant, do Led Zeppelin
1949 | Nasce Phil Lynott, baixista e vocalista do Thin Lizzy

21

D S T Q Q S S

1951 | Nasce o músico Glenn Hughes, baixista do Deep Purple
1952 | Nasce Joe Strummer, do The Clash
1989 | Morre Raul Seixas

143 | AGOSTO

22

D S T Q Q S S

1967 | Nasce Layne Staley, do Alice in Chains

23

D S T Q Q S S

1946 | Nasce Keith Moon, baterista do The Who
1962 | Nasce Paula Toller, do Kid Abelha

24

D S T Q Q S S

1968 | Nasce Andreas Kisser, guitarrista do Sepultura

CINCO FILMES SOBRE FESTIVAIS

1. O BARATO DE IACANGA (THIAGO MATTAR)

2. ACONTECEU EM WOODSTOCK (ANG LEE)

3. FYRE FESTIVAL: FIASCO NO CARIBE (CHRIS SMITH)

4. UMA NOITE EM 67 (RENATO TERRA, RICARDO CALIL)

5. FESTIVAL! (MURRAY LERNER)

25

D S T Q Q S S

1949 | Nasce o músico e cantor Gene Simmons, do KISS
1951 | Nasce o cantor Rob Halford, do Judas Priest
1954 | Nasce o cantor e compositor Elvis Costello
1971 | Nasce a cantora Fernanda Takai, do Pato Fu

26

D S T Q Q S S

1970 | Tem início o Festival da Ilha de Wight

27

D S T Q Q S S

1956 | Nasce o músico Glen Matlock, do Sex Pistols
1991 | O Pearl Jam lança o álbum *Ten*

28

D S T Q Q S S

1975 | O Aerosmith lançava o hit "Walk this Way"
1978 | A banda Television acaba
2009 | A banda Oasis anuncia o fim

29

D S T Q Q S S

1958 | Nasce o cantor Michael Jackson
1994 | Oasis lança *Definitely Maybe*

30

D S T Q Q S S

1935 | Nasce o músico e cantor John Phillips, de The Mamas and The Papas
1965 | Bob Dylan lança o disco *Highway 61 Revisited*

FOTÓGRAFOS DE ROCK

DIA 19 DE AGOSTO É DIA DO FOTÓGRAFO, E PARA CELEBRAR A DATA LISTAMOS ALGUNS NOMES DE ARTISTAS QUE CLICARAM MOMENTOS INESQUECÍVEIS DA HISTÓRIA DO ROCK

JIM MARSHALL: fotógrafo oficial de Woodstock. Precisa dizer mais?

LINDA MCCARTNEY: os mais incríveis retratos de Paul McCartney foram feitos pelas lentes de Linda, companheira do músico, que também clicou Hendrix, Stones e outros tantos nomes da música dos anos 1960

MICK ROCK: Queen, David Bowie, T. Rex, Syd Barrett, Lou Reed, Iggy Pop and The Stooges, Sex Pistols, Ozzy Osbourne, The Ramones, Joan Jett, Talking Heads, Roxy Music, Thin Lizzy, Geordie, Mötley Crüe, Blondie - e a lista não tem fim. Mick Rock é frequentemente referido como "O homem que fotografou os anos 1970", além de ser conhecido pelos mais icônicos retratos de Bowie

MAURÍCIO VALLADARES: foi responsável pelas capas dos discos dos Paralamas do Sucesso (*Cinema Mudo* e *Os Grãos*), Legião Urbana (*Legião Urbana*, primeiro LP da banda brasiliense) e Ed Motta (*Piquenique*). Na lista de artistas retratados por ele estão nomes como Gilberto Gil, Lulu Santos, Rita Lee, Hermeto Pascoal, Bob Marley, David Bowie, Led Zeppelin e The Who

ANNIE LEIBOVITZ: em 1975, foi a fotógrafa da revista *Rolling Stone* escolhida para acompanhar a turnê dos Rolling Stones nas Américas. Também fez a clássica foto de John Lennon e Yoko Ono para a capa da revista

31

D S T Q Q S S

1945 | Nasce o cantor Van Morrison
2014 | Morre Jimi Jamison, vocalista do Survivor

ANOTAÇÕES

ANOTAÇÕES

ANOTAÇÕES

SETEMBRO

Setembro já se consagrou como o mês das edições mais recentes do Rock in Rio, mas você sabia que antes mesmo de o evento acontecer, outro festival reuniu nomes de peso da música brasileira por quatro edições? Foi o Festival de Águas Claras, realizado na Fazenda Santa Virgínia, em Iacanga, cidade a 50 quilômetros de Bauru, interior de São Paulo. Criado por Antonio Cecchin Jr, o Leivinha, atraiu um contingente de bichos-grilos e se tornou uma grande convenção de desbundados de 1975 a 1984, ainda sob ditadura militar no Brasil.

E foi em setembro de 1981 que ocorreu uma das edições mais célebres do evento, reunindo mais de 70 mil pessoas, que durante três dias assistiram a performances de artistas como Raul Seixas, Alceu Valença, Jards Macalé, Jorge Mautner e Luiz Gonzaga, com ingressos a mil cruzeiros, o que equivaleria a mais ou menos R$ 100,00 hoje. Em 1983, o grande destaque foi o show de João Gilberto, que subiu ao palco às 6h da manhã, com o sol nascendo, sendo assistido por dezenas de milhares de pessoas molhadas de chuva, na lama, cantando junto "Isto aqui o que é", canção de Ary Barroso. O Woodstock Brasileiro era regado a chá de cogumelo, que vinha disfarçado em garrafa de café, e banhos de lama à beira do rio Tietê. O festival marcou uma geração de jovens.

01

D S T Q Q S S

1955 | Nasce o músico Bruce Foxton, baixista do The Jam
1992 | Os Ramones lançam o disco *Mondo Bizarro*

02

D S T Q Q S S

1946 | Nasce o músico Billy Preston
1960 | Nasce o cantor Arnaldo Antunes
1993 | O Sepultura lança o disco *Chaos A.D.*
1995 | O Rock and Roll Hall of Fame é inaugurado nos EUA

03

D S T Q Q S S

1942 | Nasce o músico Al Jardine, dos Beach Boys
1955 | Nasce o músico Steve Jones, guitarrista do Sex Pistols
1982 | Tem início o U.S. Festival

04

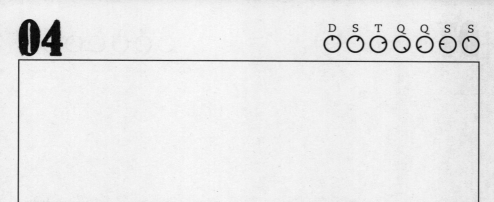

1945 | Nasce o músico Gene Parsons, do The Byrds
1970 | Nasce o músico Igor Cavalera, do Sepultura
04, 05 e 06.09.1981 | II Festival de Águas Claras

05

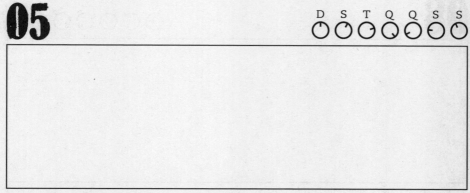

1946 | Nasce o cantor Freddie Mercury, do Queen

06

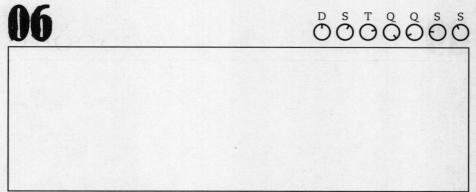

1943 | Nasce o músico Roger Waters, do Pink Floyd
1961 | Nasce o músico Scott Travis, do Judas Priest
1988 | Metallica lança o álbum ...and Justice for all

07

D S T Q Q S S

1936 | Nasce o músico Buddy Holly
1978 | Morre Keith Moon, baterista do The Who

08

D S T Q Q S S

1947 | Nasce o músico Benjamin Orr, do The Cars

09

D S T Q Q S S

1941 | Nasce o músico Otis Redding
2013 | Morre o músico Champignon, baixista do Charlie Brown Jr

10

D S T Q Q S S

1950 | Nasce o músico Joe Perry, guitarrista do Aerosmith
1975 | Lançamento do disco duplo do KISS Alive!

11

D S T Q Q S S

1971 | Nasce o cantor e músico Richard Ashcroft

12

D S T Q Q S S

1952 | Nasce Neil Peart, baterista do Rush
2003 | Morre o cantor Johnny Cash

13

D S T Q Q S S

1961 | Nasce o cantor Dave Mustaine, do Megadeth
1965 | Nasce o músico Zak Starkey, de Oasis e The Who

14

D S T Q Q S S

1971 | Nasce o cantor André Matos
1983 | Nasce a cantora Amy Winehouse

15

D S T Q Q S S

1967 | The Kinks lançam o disco *Something Else*
2004 | Morre o músico Johnny Ramone

RAUL SEIXAS

O ROQUEIRO BAIANO MARCOU
PRESENÇA NO SEGUNDO FESTIVAL
DE ÁGUAS CLARAS, EM SETEMBRO
DE 1981. SELECIONAMOS ALGUMAS
CURIOSIDADES SOBRE O MALUCO BELEZA

1. Antes da carreira solo, Raul formou o grupo Raulzito e os Panteras, apresentando covers de rock e composições próprias

2. Influenciados pelo ocultista britânico Aleister Crowley, Raul Seixas e Paulo Coelho criaram a Sociedade Alternativa, que além da música tinha até uma sede

3. Raul teve algumas canções censuradas pela ditadura militar, como "Rock das Aranha" e "Aluga-se". Ele se exilou nos EUA por curto período

4. Raul trabalhou como produtor na CBS, onde mandou encomendar uma excêntrica harpa egípcia apenas para gravar o acorde final de uma música

5. Em 1982, foi preso na grande SP, após os fãs e a própria polícia acreditarem que era um impostor se passando por Raul

16

D S T Q Q S S

1925 | Nasce o músico B.B. King
1948 | Nasce o músico Kenney Jones, de Small Faces e The Who
1977 | Morre o cantor Marc Bolan, do T-Rex

17

D S T Q Q S S

1991 | Morre o vocalista Rob Tyner, do MC5
1991 | O Guns n' Roses lança os álbuns *Use Your Illusion I e II*

18

D S T Q Q S S

1951 | Nasce o músico Dee Dee Ramone
1969 | Nasce o músico Sérgio Britto, dos Titãs
1970 | Morre o músico Jimi Hendrix

19

D S T Q Q S S

1941 | Nasce a cantora Mama Cass Elliot, do The Mamas and The Papas

20

D S T Q Q S S

Dia do Baterista
1966 | Nasce o músico Nuno Bettencourt, do Extreme
1973 | Morre o músico Jim Croce

21

D S T Q Q S S

1947 | Nasce o guitarrista Don Felder, do Eagles
1972 | Nasce o músico e cantor Liam Gallagher, do Oasis
1934 | Nasce Leonard Cohen

22

1951 | Nasce David Coverdale, de Deep Purple/Whitesnake
1958 | Nasce a cantora Joan Jett

23

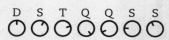

1949 | Nasce o cantor Bruce Springsteen
1962 | Nasce o cantor Paulo Ricardo, do RPM

24

1957 | Lançamento de "Jailhouse Rock", de Elvis Presley

QUIZ
DIA DO BATERISTA

1. Qual baterista ficou famoso por seu trabalho na banda Led Zeppelin?
a) Neil Peart
b) John Bonham
c) Ginger Baker
d) Travis Barker

2. Quem é o renomado baterista brasileiro conhecido por seu trabalho na banda Sepultura?
a) Igor Cavalera
b) Jean Dolabella
c) Aquiles Priester
d) Kiko Freitas

3. Qual desses bateristas é conhecido por seu trabalho na banda Red Hot Chili Peppers?
a) Chad Smith
b) Stewart Copeland
c) Phil Collins
d) Taylor Hawkins

4. Quem é considerado um dos melhores bateristas de jazz de todos os tempos?
a) Buddy Rich
b) Alex Van Halen
c) Gene Krupa
d) Joey Jordison

5. Quem é o baterista da banda Angra, conhecido por sua habilidade técnica e estilo único?
a) Aquiles Priester
b) João Barone
c) Duda Neves
d) Bruno Valverde

6. Qual baterista é conhecido por seu trabalho na banda Nirvana?
a) Dave Grohl
b) Travis Barker
c) Lars Ulrich
d) Tommy Lee

RESPOSTAS: 1. John Bonham / 2. Igor Cavalera / 3. Chad Smith / 4. Buddy Rich / 5. Aquiles Priester / 6. Dave Grohl

25

D S T Q Q S S

26

D S T Q Q S S

1945 | Nasce Brian Ferry
1969 | Os Beatles lançam o álbum *Abbey Road*

27

D S T Q Q S S

1986 | Morre Cliff Burton, baixista do Metallica

28

D S T Q Q S S

1901 | Nasce o apresentador Ed Sullivan
1938 | Nasce o cantor Ben E. King
1942 | Nasce o cantor Tim Maia

29

D S T Q Q S S

1935 | Nasce o músico Jerry Lee Lewis

30

D S T Q Q S S

1948 | Nasce Marc Bolan, do T. Rex

TIM MAIA

ELE É UM DOS ANIVERSARIANTES DE SETEMBRO, POR ISSO, SELECIONAMOS ALGUMAS CURIOSIDADES SOBRE TIM MAIA – APROVEITA E LIGA O SOM PARA EMBALAR A LEITURA!

1. A primeira banda de Tim teve o nome de The Sputniks, tocando rock'n'roll ao lado de Roberto Carlos

2. Quando começou a tocar, Tim aprendeu a música "Bop a Lena", que acabou virando "Babulina". Babulina virou seu apelido e, certo dia, ele ficou sabendo que outro cara que curtia música também tinha esse apelido. Erasmo Carlos conhecia os dois e os apresentou – o outro era Jorge Ben Jor

3. Tim Maia era famoso por criar apelidos e inventar gírias. O título do álbum Os Mutantes e seus cometas no país dos bauretes surgiu por conta da expressão "baurete", gíria que Tim usava para baseado

4. Foi um dos primeiros artistas independentes do Brasil, quando em 1974 lançou seu próprio selo, Seroma, a união das primeiras sílabas de seu nome, Sebastião Rodrigues Maia, por onde lançou os clássicos Tim Maia Racional Vol 1 e 2.

5. A primeira vez que foi parar em uma delegacia norte-americana, quando morou no país, foi por ser pego roubando chocolate em um supermercado

E JÁ QUE A TEMÁTICA DE SETEMBRO É BRASIL, QUE TAL REGISTRAR OS SHOWS DE ARTISTAS BRASILEIROS QUE VOCÊ JÁ ASSISTIU?

ANOTAÇÕES

OUTUBRO

Você já deve ter lido sobre o Clube dos 27, aquela triste lista de artistas que não sobreviveram ao rock'n'roll e nos deixaram cedo demais. Brian Jones, Jimi Hendrix, Jim Morrison, Kurt Cobain, Amy Winehouse e até Robert Johnson, lá nos anos 1930. Todos eles deixaram os palcos antes da hora. Porém, segundo Dianna Kenny, professora de psicologia da Universidade de Sydney, na Austrália, na verdade, a idade de 56 anos é a pior para as estrelas do rock. Em sua pesquisa, Dianna apurou que 2,2% dos músicos analisados morreram aos 56 anos de idade, enquanto apenas 0,85% morreu aos 27.

E já que é tempo de Halloween e histórias aterrorizantes, marcamos o mês com uma das maiores perdas do Clube dos 27, que partiu em 4 de outubro de 1970: Janis Joplin. Janis estava no meio das gravações de *Pearl*, seu mais consagrado álbum, quando foi encontrada morta em um quarto de hotel em Los Angeles. Mas a lista de músicos desse clube vai além dos nomes que já citamos aqui, e por isso eles integram a playlist do mês e a lista de dicas para celebrar o Dia Nacional da Leitura.

01

D S T Q Q S S

02

D S T Q Q S S

1945 | Nasce o cantor Don McLean
1951 | Nasce o músico e cantor Sting, do The Police
1995 | Oasis lança o disco *What's Story Morning Glory?*
2017 | Morre o músico Tom Petty

03

D S T Q Q S S

1938 | Nasce o cantor Eddie Cochran
1941 | Nasce o cantor Chubby Checker
1949 | Nasce o músico Lindsey Buckingham, do Fleetwood Mac
1962 | Nasce o músico Tommy Lee, baterista do Mötley Crüe

172 | OUTUBRO

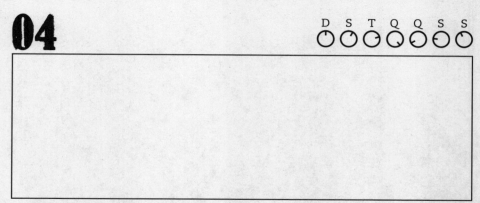

1970 | A cantora Janis Joplin é encontrada morta

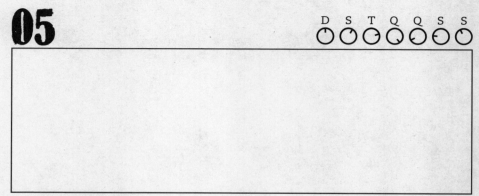

1947 | Nasce o cantor Brian Johnson, do AC/DC
1951 | Nasce o cantor Bob Geldof

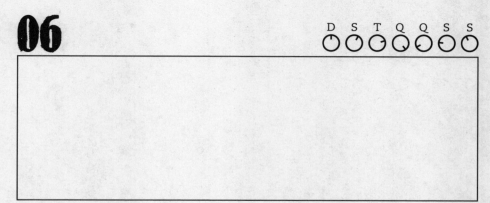

2020 | Morre o músico Eddie Van Halen

07

D S T Q Q S S

Dia do Compositor
1951 | Nasce o músico John Mellencamp
1968 | Nasce o músico Thom Yorke, do Radiohead

08

D S T Q Q S S

1948 | Nasce Johnny Ramone

09

D S T Q Q S S

1940 | Nasce o músico e cantor John Lennon
1944 | Nasce o músico John Entwistle, baixista do The Who

10

D S T Q Q S S

1954 | Nasce o cantor David Lee Roth
1988 | U2 lança o álbum *Rattle and Hum*
1995 | Green Day lança o disco *Insomniac*

11

D S T Q Q S S

1996 | Morre o cantor Renato Russo

12

D S T Q Q S S

1971 | Morre o músico Gene Vincent
1997 | Morre John Denver

DIA NACIONAL DA LEITURA

12 DE OUTUBRO É DIA NACIONAL DA LEITURA, E SELECIONAMOS ALGUNS LIVROS SOBRE ARTISTAS DO "CLUBE DOS 27":

COM AMOR, JANIS, de Laura Joplin

A MÚSICA DO DIABO: A VERDADEIRA HISTÓRIA DA LENDA DO BLUES ROBERT JOHNSON, de Bruce Conforth e Gale Dean Wardlow

DIÁRIOS DE KURT COBAIN

AMY WINEHOUSE: MAIS FORTE QUE ELA, de Susana Monteagudo

WILD THING: A BREVE E FANTÁSTICA VIDA DE JIMI HENDRIX, de Philip Norman

JIM MORRISON: NINGUÉM SAI VIVO DAQUI, de Jerry Hopkins e Danny Sugerman

13

D S T Q Q S S

1947 | Nasce o músico Sammy Hagar

14

D S T Q Q S S

1977 | David Bowie lança o disco *Heroes*
1985 | Iron Maiden lança o disco *Live After Death*

15

D S T Q Q S S

2002 | Audioslave lança seu primeiro disco

16

D S T Q Q S S

1938 | Nasce a cantora Nico
1962 | Nasce o músico Flea, do RHCP

17

D S T Q Q S S

1961 | Mick Jagger e Keith Richards se encontram pela primeira vez

18

D S T Q Q S S

1926 | Nasce o músico Chuck Berry

19

D S T Q Q S S

1993 | O Pearl Jam lança o álbum Vs

20

D S T Q Q S S

1950 | Nasce o músico Tom Petty
1977 | O Lynyrd Skynyrd sofre desastre aéreo
1990 | Surge a MTV Brasil

21

D S T Q Q S S

1940 | Nasce o músico Manfred Mann

NASCIMENTO DA MTV BRASIL

EM 20 DE OUTUBRO DE 1990, A TELEVISÃO BRASILEIRA RECEBIA O PRIMEIRO CANAL TOTALMENTE VOLTADO À MÚSICA E AO PÚBLICO JOVEM, A MTV BRASIL. PARA CELEBRAR ESSE ANIVERSÁRIO, LISTAMOS ALGUMAS CURIOSIDADES DO CANAL QUE FORMOU O GOSTO MUSICAL DE ALGUMAS GERAÇÕES DE BRASILEIROS (E QUE A GENTE MORRE DE SAUDADES)

1. No Brasil, a MTV integrava o Grupo Abril e funcionou de 20 de outubro de 1990 a 30 de setembro de 2013

2. A MTV Brasil foi a terceira versão da MTV a ser lançada no mundo e a primeira a ser lançada em TV aberta

3. A sede da emissora ficava no Edifício Victor Civita, em São Paulo, na Avenida Professor Alfonso Bovero, 52, Sumaré, onde foi anteriormente a sede da Rede Tupi

4. Foi a primeira TV segmentada do país dedicada ao público jovem, além de ter sido a primeira emissora segmentada da TV brasileira a transmitir a sua programação 24 horas por dia

5. 100 pessoas integraram a seleção para o primeiro time de VJs do canal, que foi formado por Astrid Fontenelle, Cuca Lazzarotto, Daniela Barbieri, Gastão Moreira, Maria Paula, Rodrigo Leão, Thunderbird, Zeca Camargo e Renata Netto

6. A primeira VJ a aparecer na tela foi Astrid Fontenelle, que disse: "Oi, eu sou a Astrid e é com o maior prazer que eu estou aqui anunciando para vocês que está no ar a MTV Brasil!". Astrid também encerrou as transmissões do canal, 23 anos depois

7. O primeiro vídeo musical exibido pela MTV foi o remix de "Garota de Ipanema" na voz de Marina Lima.

22

D S T Q Q S S

1942 | Nasce o músico Bobby Fuller
1969 | Lançado o disco *Led Zeppelin II*
1974 | Kiss lança o álbum *Hotter Than Hell*

23

D S T Q Q S S

1951 | Nasce o músico Charly Garcia
1964 | Nasce o músico Robert Trujillo, do Metallica

24

D S T Q Q S S

1936 | Nasce o músico Bill Wyman, baixista dos Rolling Stones
2017 | Morre o músico Fats Domino

25

D S T Q Q S S

1944 | Nasce o cantor Jon Anderson, do Yes
1961 | Nasce o músico Chad Smith, baterista do RHCP

26

D S T Q Q S S

27

D S T Q Q S S

1967 | Nasce Scott Weiland, do Stone Temple Pilots
2013 | Morre o cantor Lou Reed

28

D S T Q Q S S

1977 | Sex Pistols lança o disco *Never Mind The Bollocks*

29

D S T Q Q S S

30

D S T Q Q S S

31

D S T Q Q S S

1963 | Nasce o músico Johnny Marr, guitarrista do The Smiths
1989 | Gravado o primeiro MTV Unplugged da história

ANOTAÇÕES

ANOTAÇÕES

ANOTAÇÕES

NOVEMBRO

Chegamos em novembro, mês de aniversário de duas mulheres incríveis da música: Joni Mitchel e Tina Turner, e por isso vamos ocupar as próximas páginas com diversas artistas sensacionais para lembrar que, sim, lugar de mulher é onde ela quiser – e na música, elas arrasam demais! Na nossa playlist de novembro, você vai encontrar sons de bandas com mulheres e também sons de artistas solo que vale a pena conferir.

01

D S T Q Q S S

1962 | Nasce Anthony Kiedis, vocalista do RHCP
1963 | Nasce Rick Allen, baterista do Def Leppard
1994 | Nirvana lança seu *MTV Unplugged*

02

D S T Q Q S S

1944 | Nasce o músico Keith Emerson, tecladista de Emerson, Lake & Palmer
1979 | Estreia do filme *Quadrophenia*, do The Who

03

D S T Q Q S S

1954 | Nasce o músico Adam Ant

04

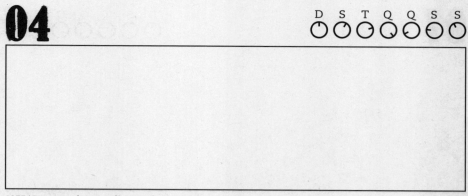

1977 | Ramones lança o disco *Rocket to Russia*

05

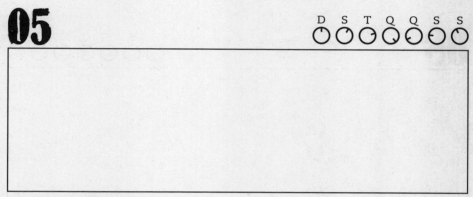

1931 | Nasce o músico Ike Turner
1941 | Nasce o músico Art Garfunkel
1946 | Nasce Gram Parsons, do The Byrds
1959 | Nasce o músico Bryan Adams

06

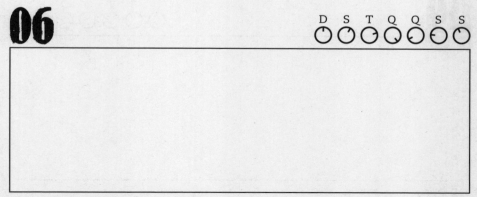

1948 | Nasce o músico Glenn Frey, do Eagles

07

D S T Q Q S S

1942 | Nasce o músico Johnny Rivers
1943 | Nasce Joni Mitchell
2016 | Morre o músico Leonard Cohen

08

D S T Q Q S S

1971 | Lançamento do disco *Led Zeppelin IV*
1980 | Motörhead lança o disco *Ace of Spades*

09

D S T Q Q S S

1941 | Nasce Tom Fogerty, guitarrista do Creedence Clearwater Revival
1967 | Lançamento da revista *Rolling Stone*

10

D S T Q Q S S

1972 | Nasce o músico DJ Ashba, do Guns n' Roses

11

D S T Q Q S S

1945 | Nasce o músico Chris Dreja, dos Yardbirds

12

D S T Q Q S S

1944 | Nasce o músico Booker T. Jones
1945 | Nasce Neil Young
2008 | Morre o músico Mitch Mitchell, de Jimi Hendrix Experience

13

D S T Q Q S S

2016 | Morre o músico Leon Russell

14

D S T Q Q S S

15

D S T Q Q S S

1956 | Elvis lança seu primeiro filme, *Love me Tender*

16
D S T Q Q S S

1962 | Nasce o músico Gary Mani Mounfield, de Stone Roses e Primal Scream

17
D S T Q Q S S

1944 | Nasce o músico Gene Clark, do The Byrds

18
D S T Q Q S S

1997 | O Metallica lança o álbum *Reload*
2017 | Morre o músico Malcolm Young, guitarrista do AC/DC

DIA DA CRIATIVIDADE

E JÁ QUE EM 17 DE NOVEMBRO COMEMORAMOS O DIA DA CRIATIVIDADE, QUE TAL COLOCAR A SUA PARA FUNCIONAR? A IDEIA É USAR O EXERCÍCIO DOS 16 CÍRCULOS: TRANSFORME O MAIOR NÚMERO POSSÍVEL DE CÍRCULOS EM BRANCO EM LOGOS DE BANDAS. MAS VOCÊ PRECISA FAZER ISSO EM NO MÁXIMO 5 MINUTOS, VAMOS LÁ?

19

D S T Q Q S S

1960 | Nasce o músico Matt Sorum, baterista do Guns n' Roses

20

D S T Q Q S S

1946 | Nasce o músico Duane Allman
1947 | Nasce o músico Joe Walsh, guitarrista do Eagle

21

D S T Q Q S S

1975 | Queen lança o álbum *A Night at the Opera*
1975 | Kiss Army torna-se o fã clube oficial do KISS

22

D S T Q Q S S

Dia do Músico
1968 | Os Beatles lançam o *White Album*
1997 | Morre Michael Hutchence, vocalista do INXS

23

D S T Q Q S S

1985 | Lançamento do disco *Rita e Roberto*
2008 | Guns n' Roses lança o disco *Chinese Democracy*

24

D S T Q Q S S

1941 | Nasce o músico Pete Best, baterista dos Beatles
1991 | Morre o cantor Freddie Mercury
1991 | Morre o músico Eric Carr, baterista do KISS

25

D S T Q Q S S

1974 | Morre o músico Nick Drake

26

D S T Q Q S S

1939 | Nasce a cantora Tina Turner
1945 | Nasce o músico John McVie, baixista do Fleetwood Mac
1976 | Sex Pistols lançam *Anarchy in the U.K.*

27

D S T Q Q S S

1942 | Nasce o músico Jimi Hendrix
1962 | Nasce o músico Mike Bordin, baterista do Faith No More
1970 | George Harrison lança o disco *All Things Must Pass*

28

D S T Q Q S S

1962 | Nasce o músico Matt Cameron, de Soundgarden e Pearl Jam

29

D S T Q Q S S

1933 | Nasce o músico John Mayall
1940 | Nasce o músico Dennis Doherty
2001 | Morre o músico George Harrison

30

D S T Q Q S S

1955 | Nasce o músico Billy Idol
1982 | Michael Jackson lança o álbum *Thriller*
2013 | Morre o produtor musical João Araújo

201 | NOVEMBRO

BANDAS FORMADAS POR MULHERES QUE VOCÊ PRECISA CONHECER

THE RUNAWAYS: uma das mais conhecidas bandas de rock formadas por mulheres, estreia de Joan Jett no mundo da música, surgiu na metade dos anos 1970

L7: formada em 1985 por Donita Sparks e Suzi Gardner, em Los Angeles. Mais tarde também contou com Jennifer Fich, que tocava com o grupo Hole, Demetra (Dee) Plakas. Foi uma das bandas que integrou a onda grunge no início dos anos 1990

4 NON BLONDES: banda feminina de rock alternativo mais famosa dos anos 1990, formada por Linda Perry (vocal), Christa Hillhouse (baixo), Shaunna Hall (guitarra) e Dawn Richardson (bateria). O nome da banda surgiu pelo fato de nenhuma ser loira, assim o grupo foi batizado "Quatro Não Loiras" – 4 Non Blondes

WARPAINT: formada por Emily Kokal (vocais e guitarra), Theresa Wayman (vocais e guitarra), Jenny Lee Lindberg (baixo) e Stella Mozgawa (bateria) em 2004, no dia 14 de fevereiro, Valentine's Day nos EUA. Seu som passa pelo post rock, o indie rock, o experimental, o dream pop e a psicodelia com deliciosos vocais

APROVEITE E LISTE AQUI AS ARTISTAS E BANDAS COM MULHERES QUE VOCÊ MAIS GOSTA DE OUVIR OU QUE GOSTARIA DE ESCUTAR MAIS

ANOTAÇÕES

ANOTAÇÕES

DEZEMBRO

Mais um ano chega ao fim, e com ele vêm as listas – vai dizer que você já não começou a escolher seus preferidos do ano que passou? Por isso, nosso convite é que você aproveite o espaço para listar seus discos, filmes, livros e shows favoritos dos últimos 365 dias. Enquanto a hora da virada não chega, também vale colocar no papel os planos e desejos para a próxima aventura que inicia dia 1º de janeiro – e a gente espera seguir em mais um ano rock'n'roll com você!

01

D S T Q Q S S

1944 | Nasce John Densmore, do The Doors
1951 | Nasce Sergio Dias, dos Mutantes

02

D S T Q Q S S

2014 | Morre o músico Bobby Keys, saxofonista dos Rolling Stones

03

D S T Q Q S S

1948 | Nasce Ozzy Osbourne
1965 | The Who lança *My Generation*

04

D S T Q Q S S

1971 | Lendário show do Frank Zappa and Mothers of Invention em Montreux
1993 | Morre o músico e cantor Frank Zappa

05

D S T Q Q S S

1932 | Nasce o músico Little Richard
2017 | Morre o cantor Johnny Hallyday

06

D S T Q Q S S

1956 | Nasce o músico Peter Buck, guitarrista do R.E.M.
1988 | Morre o cantor Roy Orbison

07

D S T Q Q S S

2016 | Morre o músico Greg Lake

08

D S T Q Q S S

1943 | Nasce Jim Morrison, do The Doors
1966 | Nasce a cantora Sinead O'Connor
1973 | Nasce Corey Taylor, do Slipknot
1980 | John Lennon é assassinado em Nova York

09

D S T Q Q S S

1972 | Nasce o músico Tré Cool, baterista do Green Day

10

D S T Q Q S S

1962 | Nasce a cantora Cássia Eller
1968 | Primeiro dia de gravação do "Rock and Roll Circus"

11

D S T Q Q S S

1958 | Nasce o músico Nikki Sixx, baixista do Mötley Crüe
1964 | Morre o cantor Sam Cooke

12

D S T Q Q S S

MELHORES DO ANO

ELEJA AQUI OS DISCOS, FILMES, LIVROS E SHOWS QUE FIZERAM SEU ANO INESQUECÍVEL. AQUI VALE TUDO, DESDE AQUELE DISCO QUE VOCÊ DESCOBRIU HÁ POUCO, AQUELE FESTIVAL INCRÍVEL QUE ROLOU NAS FÉRIAS OU UM LIVRO QUE ACOMPANHOU VOCÊ AO LONGO DOS MESES

13

D S T Q Q S S

2007 | Morre o músico Ike Turner

14

D S T Q Q S S

15

D S T Q Q S S

1955 | Nasce o músico Paul Simonon, baixista do The Clash

16

D S T Q Q S S

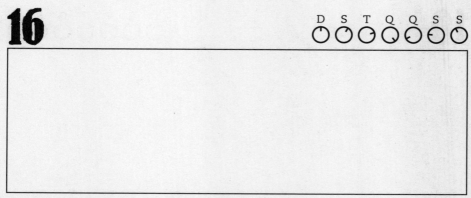

1949 | Nasce o músico Billy Gibbons, guitarrista do ZZ Top
1993 | Exibição do *MTV Unplugged* Nirvana nos EUA

17

D S T Q Q S S

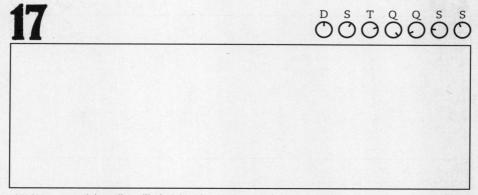

1958 | Nasce o músico Mike Mills, baixista do R.E.M.

18

D S T Q Q S S

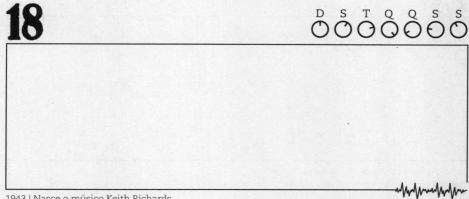

1943 | Nasce o músico Keith Richards

19

D S T Q Q S S

1944 | Nasce o cantor e músico Alvin Lee, de Ten Years After
1993 | Morre o músico Michael Clarke, baterista do The Byrds

20

D S T Q Q S S

1945 | Nasce o músico Peter Criss, baterista do KISS
1966 | Nasce o cantor Chris Robinson, do Black Crowes
1973 | Morre o cantor Bobby Darin

21

D S T Q Q S S

1940 | Nasce o cantor e músico Frank Zappa
1946 | Nasce Carl Wilson, dos Beach Boys
1992 | Morre o músico Albert King

OITO CURIOSIDADES SOBRE RITA LEE

ENQUANTO ALGUNS SE PREPARAM PARA O RÉVEILLON, A GENTE APROVEITA O DIA 31 DE DEZEMBRO PARA CELEBRAR A VIDA E A OBRA DE RITA LEE, UMA DAS MAIORES ARTISTAS BRASILEIRAS, NOSSA RAINHA DO ROCK BRAZUCA. LISTAMOS ALGUMAS CURIOSIDADES SOBRE RITA QUE VOCÊ PODE CONFERIR ENQUANTO CURTE A PLAYLIST QUE FIZEMOS COM ALGUNS DE SEUS MUITOS SUCESSOS

1. Rita Lee é uma das primeiras mulheres roqueiras no Brasil, com mais de 300 composições e recordista de sucessos nas paradas

2. Nasceu no dia 31 de dezembro de 1947, em uma família de classe média de São Paulo, no bairro da Vila Mariana. Ela é a terceira filha de pai norte-americano e mãe brasileira

3. O "Lee" não é sobrenome, mas sim um nome composto escolhido pelo pai da cantora para registrar as três filhas (Rita, Mary e Virgínia). A escolha foi uma homenagem ao general Robert E. Lee, do exército confederado norte-americano

4. Ainda adolescente, começou a compor suas primeiras canções e a se apresentar em clubes, como integrante do Tulio's Trio. Em 1963, formou uma banda com duas amigas, as Teenage Singers

5. Era poliglota, fluente em cinco idiomas: português, inglês, francês, espanhol e italiano

6. Foi uma das atrações nacionais na primeira edição do Rock in Rio, em 1985

7. Abriu o primeiro show dos Rolling Stones no Brasil, em 27 de janeiro de 1995

8. Durante o período da ditadura militar brasileira (1964-1985), foi a artista mais censurada pelos governos militares

22

D S T Q Q S S

2002 | Morre o músico Joe Strummer, do The Clash
2014 | Morre o cantor Joe Cocker

23

D S T Q Q S S

1964 | Nasce o cantor Eddie Vedder, do Pearl Jam

24

D S T Q Q S S

1945 | Nasce o músico Lemmy Kilmister, baixista e vocalista do Motörhead

25

D S T Q Q S S

2006 | Morre o cantor James Brown
2016 | Morre o cantor George Michael

26

D S T Q Q S S

1963 | Nasce o músico Lars Ulrich, baterista do Metallica
1975 | Estreia no Brasil o filme *Tommy*, do The Who

27

D S T Q Q S S

28

D S T Q Q S S

1946 | Nasce o músico Edgar Winter
1983 | Morre o músico Dennis Wilson, dos Beach Boys

29

D S T Q Q S S

1946 | Nasce a cantora Marianne Faithfull
1969 | Os Rolling Stones lançam o disco *Let it Bleed*
2001 | Morre a cantora Cássia Eller
2015 | Morre o vocalista do Motörhead Lemmy Kilmister

30

D S T Q Q S S

1928 | Nasce o músico Bo Diddley
1934 | Nasce o músico Del Shannon
1946 | Nasce a cantora Patti Smith

31

D S T Q Q S S

1942 | Nasce o músico Andy Summers, guitarrista do The Police
1943 | Nasce o músico John Denver
1947 | Nasce a cantora Rita Lee
1951 | Nasce o músico Tom Hamilton, baixista do Aerosmith

ANO QUE VEM EU VOU

222 | DEZEMBRO

ANOTAÇÕES

Copyright © 2023 Belas Letras
Todos os direitos reservados.

Nenhuma parte desta publicação pode ser reproduzida, armazenada ou transmitida para fins comerciais sem a permissão do editor. Você não precisa pedir nenhuma autorização, no entanto, para compartilhar pequenos trechos ou reproduções das páginas nas suas redes sociais, para divulgar a capa, nem para contar para seus amigos como este livro é incrível (e como somos modestos).

Este livro é o resultado de um trabalho feito com muito amor, diversão e gente finice pelas seguintes pessoas:

Gustavo Guertler (*publisher*), Germano Weirich (coordenação editorial), Bruna Paulin (redação) e Celso Orlandin Jr. (capa, projeto gráfico e diagramação).

Obrigado, amigos.

Imagens: Midjourney

2023
Todos os direitos desta edição reservados à
Editora Belas Letras Ltda.
Rua Visconde de Mauá, 473/301 – Bairro São Pelegrino
CEP 95010-070 – Caxias do Sul – RS
www.belasletras.com.br

Dados Internacionais de Catalogação na Fonte (CIP)
Biblioteca Pública Municipal Dr. Demetrio Niederauer
Caxias do Sul, RS

P328u	Paulin, Bruna
	Um ano Rock n'Roll / Bruna Paulin. - Caxias do Sul, RS: Belas Letras, 2023.
	224 p.
	ISBN: 978-65-5537-301-1
	1. Musica (Rock) - Diário. I. Título.
23/35	CDU 78.067.26

Catalogação elaborada por Rose Elga Beber, CRB-10/1369

Este livro foi composto em Caecilia e impresso em papel pólen bold 70 g pela gráfica Marp em setembro de 2023.

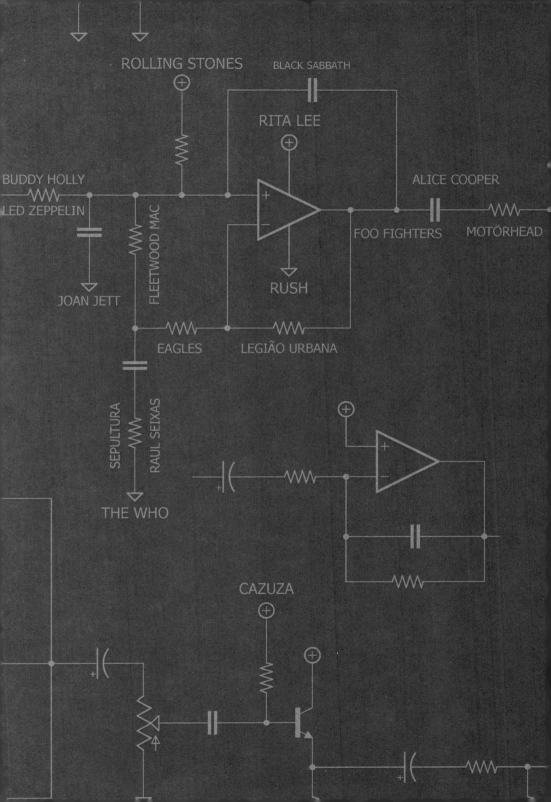

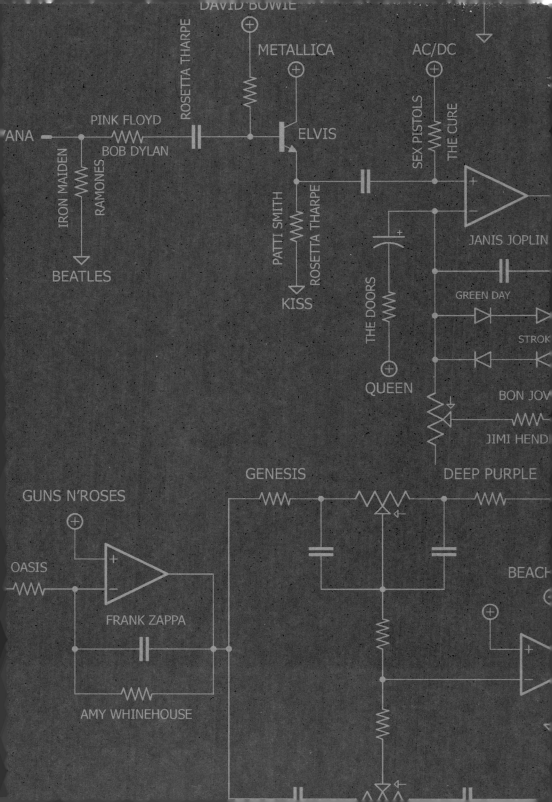